महान् भारतीय
ओलंपिक खिलाड़ी

महान् भारतीय ओलंपिक खिलाड़ी

गुलु इज़ीक्यल
के. अरुमुगम

सत्साहित्य प्रकाशन, दिल्ली

प्रकाशक : सत्साहित्य प्रकाशन, 205-बी चावड़ी बाजार, दिल्ली-110006
सर्वाधिकार : सुरक्षित / संस्करण : 2018 / मूल्य : तीन सौ रुपए
मुद्रक : नरुला प्रिंटर्स, दिल्ली ISBN 978-81-7721-113-9

MAHAN BHARATIYA OLYMPIC KHILADI

by Gulu Ezekiel & K. Arumugam ₹ 300.00
Published by Satsahitya Prakashan, 205-B Chawri Bazar, Delhi-110006

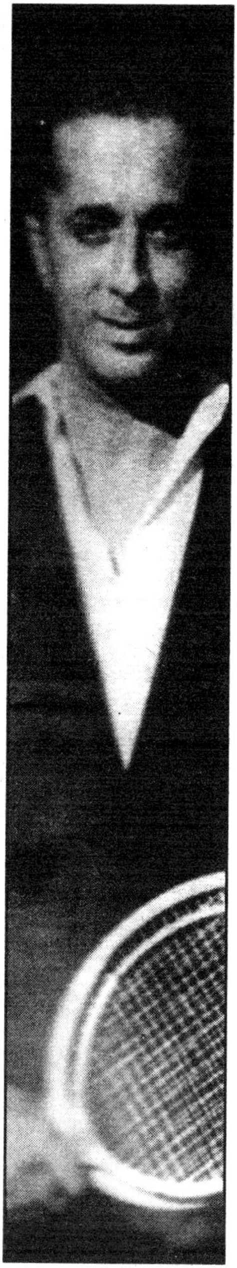

प्रो. जॉय इज़्ज़ीक्यल
(1921–1993)

यह पुस्तक समर्पित है-

मेरी बहन के. आनंद को

—के. अरुमुगम

मेरी माँ
श्रीमती खोर्शेद वाडिया इज़्ज़ीक्यल
और पिता
स्व. प्रो. जॉय इज़्ज़ीक्यल को
सादर

—गुलु इज़्ज़ीक्यल

संदेश

ओलंपिक आंदोलन की ओर से मैं इस पुस्तक 'महान् भारतीय ओलंपिक खिलाड़ी' के लेखकों गुलु इज़ीक्यल तथा के. अरुमुगम को बधाई देना चाहता हूँ। इस पुस्तक में उन भारतीय खिलाड़ियों के संक्षिप्त जीवनवृत्त हैं, जिन्होंने पहले के ओलंपिक खेलों में अपने देश का प्रतिनिधित्व किया है। यह पुस्तक भारतीय स्पोर्ट्स के विकास और ओलंपिक आंदोलन के प्रति उसके योगदान को भी रेखांकित करती है।

—जुआन एंतोनियो समारांच *

---

* यह संदेश समारांच ने इस पुस्तक के अंग्रेजी संस्करण 'Great Indian Olympians' के लिए लिखा था, जब वे अंतरराष्ट्रीय ओलंपिक समिति के अध्यक्ष थे। 21 अप्रैल, 2010 को इनका निधन हो गया।

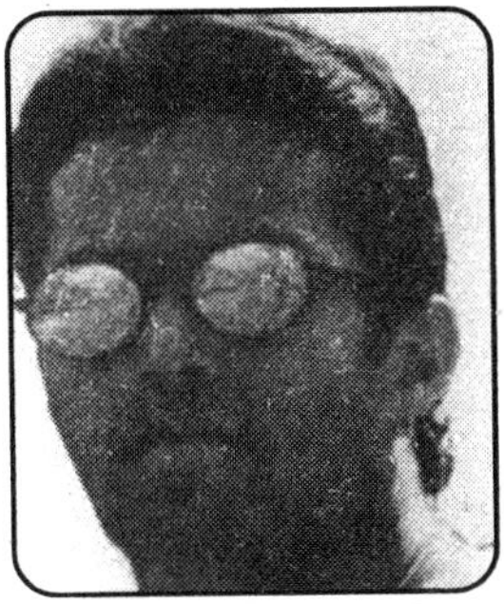

प्राक्कथन

मुझे खुशी है कि मेरे मित्र गुलु इज़ीक्यल और के. अरुमुगम ने मिलकर भारतीय ओलंपिक खिलाड़ियों का जीवनीपरक इतिहास लिखा है।

ओलंपिक खेलों की एक बहुत ही खास जगह मेरे दिल में है। मेरे पिता डॉ. वी.सी. पेस ने हॉकी टीम के एक खिलाड़ी के रूप में सन् 1972 के म्यूनिख ओलंपिक्स में कांस्य पदक हासिल किया। ओलंपिक खेलों की कहानियाँ सुन-सुनकर मैं बड़ा हुआ और मेरे बचपन का सपना तब पूरा हुआ जब मैंने पहली बार सन् 1992 में बार्सिलोना में आयोजित प्रतियोगिता में भाग लिया।

चार साल बाद मैंने स्वयं अटलांटा में कांस्य पदक जीतकर परिवार के गौरव-कोष में अपना योगदान किया। इसे मैं अपने लिए अब तक का सबसे गौरवपूर्ण क्षण और सबसे बड़ी उपलब्धि मानता हूँ।

मैं इस पुस्तक के लेखकों को बधाई देता हूँ और उनके श्रमसाध्य कार्य की सफलता की कामना करता हूँ। मुझे आशा है कि आनेवाले वर्षों में वे इस पुस्तक में और भी अध्याय जोड़ पाएँगे।

—लिएंडर पेस

(प्रसिद्ध भारतीय टेनिस खिलाड़ी)

प्रस्तावना

यह पुस्तक वास्तव में एक प्यार भरी मेहनत का परिणाम है। इसमें जो कुछ भी आप पढ़ेंगे, वह सामग्री एकत्र करने और सँजोकर प्रस्तुत करने के पीछे अनेक वर्षों की मेहनत है। भारतीय खेल-जगत् के इतिहासकारों को बड़ी कठिनाई का सामना करना पड़ता है, क्योंकि अनुसंधान के रूप में बहुत कम मूल सामग्री उपलब्ध है। एक भारतीय खेल-प्रेमी होने के नाते यह कार्य, विशेषकर ओलंपिक वर्ष के दौरान, बहुत निराशाजनक हो सकता है। कभी-कभी स्थिति घोर निराशापूर्ण हो जाती है। हॉकी को छोड़कर हमारा रिकॉर्ड बहुत खराब रहा है। लेकिन जिन्हें इस पुस्तक में शामिल किया गया है, वे ऐसे व्यक्तित्व के धनी रहे हैं, जिन्होंने स्वयं को खेल की संकीर्ण सीमाओं में बाँधकर नहीं रखा। हमने राष्ट्रीय मनोदशा पर उनके प्रभाव और देशवासियों में गर्व की भावना भरने में उनके ऐतिहासिक महत्त्व का विश्लेषण करने का प्रयास किया है।

प्रस्तुत अध्यायों को पढ़कर आप जान लेंगे कि किस तरह ध्यान चंद ने भारत को एक अलग पहचान दी और किस प्रकार बलबीर सिंह ने नए स्वतंत्र भारत को गौरव और उल्लास से भर दिया।

तत्पश्चात् मोहम्मद शाहिद नाम का सितारा चमका, जिसके शानदार प्रदर्शन को देखने के लिए हॉकी के मैदानों में फिर से भीड़ उमड़ने लगी और कुछ समय के लिए भारतीय हॉकी के स्वर्णिम दिनों की यादें ताजा हो गईं। ग्रामीण केरल से उदित हुई पी.टी. उषा ने अनेक अन्य महिलाओं को खेल-जगत् से जुड़ने के लिए प्रेरित किया और इस तरह एक एथलेटिक क्रांति की नींव रख दी। '50 और '60 के दशक में मिल्खा सिंह विदेश में भारत की पहचान बने। सन् 2004 के एथेंस ओलंपिक में मेजर राज्यवर्धन सिंह राठौर ने मेंस डबल ट्रैप (शूटिंग) में रजत पदक जीतकर देश की गरिमा बढ़ाई।

इस पुस्तक में वर्ष 2008 में भारत के लिए गौरवशाली पल लेकर आने वाले खिलाड़ियों की भी चर्चा है, जिन्होंने भारत का इतिहास बदल डाला। भारतीय

ओलंपिक के इतिहास में अभिनव बिंद्रा पहले ऐसे खिलाड़ी बने, जिन्होंने बीजिंग ओलंपिक के 10 मीटर हवाई राइफल प्रतियोगिता में स्वर्ण पदक जीतकर हर भारतीयों का सिर गर्व से ऊँचा कर दिया। इसी ओलंपिक में सुशील कुमार ने कुश्ती में और विजेंद्र सिंह ने मुक्केबाजी में कांस्य पदक जीतकर इन प्रतियोगिताओं में लंबे समय से वंचित रहे भारत के गौरव को बढ़ाया।

इस पुस्तक में वर्णित ओलंपिक खिलाड़ियों की कहानियाँ भारतीय खेलों की एक शताब्दी का इतिहास बताती हैं। हम बड़ी उमंग से आशा करते हैं कि उनकी महान् उपलब्धियों से दूसरों को भी गौरव प्राप्त करने की प्रेरणा मिलेगी, ताकि निकट भविष्य में हम इस पुस्तक में और अध्याय जोड़ सकें।

—के. अरुमुगम
गुलु इज़ीक्यल

विषय-वस्तु

खंड-I

रहस्यमय व्यक्ति

प्रस्तुति : गुलु इज़ीक्यल

नॉर्मन गिल्बर्ट प्रिकार्ड

जन्म : 23 जून, 1875

स्थान : कलकत्ता

निधन : अज्ञात

ओलंपिक्स

1900 (पेरिस)

नॉर्मन गिल्बर्ट प्रिकार्ड

रहस्यमय व्यक्ति

भारतीय खेल-जगत् में दस्तावेजीकरण का अभाव है। पूरा इतिहास अभी तक लिखा नहीं गया है। इसके अलावा देश में खेलकूद से संबंधित बहुत कम संगठन या संस्थाएँ विस्तृत रिकॉर्ड रखने की परवाह करती हैं। इसका परिणाम यह होता है कि विगत के अनेक खिलाड़ियों को वह पहचान और प्रसिद्धि नहीं मिल पाती, जो उन्हें मिलनी चाहिए।

ऐसा ही एक नाम है भारतीय खेल-जगत् के प्रारंभिक रहस्यमय व्यक्ति नॉर्मन गिल्बर्ट प्रिकार्ड का। कुछ लोगों के लिए यह विवाद का विषय हो सकता है कि क्या वह वाकई भारतीय था। वास्तव में ओलंपिक हलकों के अंदर इस व्यक्ति के बारे में कुछ समय तक बहस चलती रही है। अत: उसकी कहानी क्या है ? उसकी उपलब्धियों का लेखा-जोखा क्या है ? क्या उसे देश का पहला कीर्तिमान खिलाड़ी और वास्तव में अब तक के महान् खिलाड़ियों में से एक माना जा सकता है ? ये और ऐसे ही अन्य सवालों ने खेल-जगत् के शोधकर्ताओं को उसकी शानदार कहानी की बिखरी कड़ियों को जोड़ने के लिए पीछे उन्नीसवीं शताब्दी तक जाने के लिए बाध्य कर दिया है। लेखक ने अंतरराष्ट्रीय ओलंपिक इतिहासकार सोसाइटी के पूर्व अध्यक्ष इयान बुकानन के सहयोग से प्रिकार्ड के जीवन और समय के बारे में खोजबीन की है। बुकानन ने इंग्लैंड में रखे अभिलेखों से उसके जन्म का ब्योरा निकाल लिया और ठाकर की इंडियन डायरेक्टरी (बंगाल पैरिस रजिस्ट्रार के संरक्षण में) से यह पता लगा लिया कि प्रिकार्ड का जन्म 23 जून, 1875 को अलीपुर, कलकत्ता में हुआ था और 28 जनवरी, 1883 को उसका ईसाई धर्मानुसार नामकरण किया गया था। उसके पिता का नाम जॉर्ज पीटरसन प्रिकार्ड

लिखा है, जो व्यवसाय से एकाउंटेंट थे। उसकी माता का नाम हेलेन मेनार्ड प्रिकार्ड था।

नॉर्मन प्रिकार्ड ने ब्रिटिश फर्म बर्ड एंड कं. में एक सहायक के रूप में काम किया और वह 3, लैंड्सडाउन रोड में रहता था। लेखक ने कलकत्ता से प्रकाशित समाचार-पत्र 'द स्टेट्समैन' के 16 जून, 1997 के अंक में एक पत्र प्रकाशित करके इस रहस्यमय व्यक्ति के बारे में अतिरिक्त जानकारी प्राप्त करने की कोशिश की। इसके जवाब में कलकत्ता के शांतनु चटर्जी ने 23 जून, 1997 को अपने पत्र में यह सूचित किया—''बर्ड एंड कंपनी अब नहीं रही। सन् 1960 तक यह कंपनी मौजूद थी, उसके बाद इसे बेच दिया गया और अंततः यह बंद हो गई। उस कंपनी का अब कोई रिकॉर्ड मौजूद नहीं है। उसका 3, लैंड्सडाउन रोड स्थित निवास-स्थान अब वही इमारत नहीं है, उसकी जगह एक ऊँची बिल्डिंग ने ले ली है। कंपनी का रिकॉर्ड न मिलने से उसके विवाह और उसके बच्चों (यदि कोई रहे हों) के बारे में कुछ भी पता नहीं चल सका और न ही उसकी मृत्यु के बारे में।''

यह सच है कि भारत ने सन् 1928 तक एम्सटर्डम में आयोजित ओलंपिक खेलों की स्पर्धा में आधिकारिक तौर पर भाग नहीं लिया, हालाँकि चार खिलाड़ियों और दो पहलवानों के एक अनाधिकारिक दल ने सन् 1920 में एंट्वर्प खेलों में भाग लिया था। सन् 1948 में लंदन में आयोजित खेलों तक पहला स्वतंत्र भारतीय दल नहीं था, क्योंकि उससे एक वर्ष पहले तक भारत ब्रिटिश शासन के अधीन था। स्वतंत्रता-पूर्व दिनों में हमारे बहुत से खिलाड़ी जन्मतः ब्रिटिश मूल के थे। बुकानन को संदेह है कि क्या प्रिकार्ड भारत की तरफ से दौड़ा था? आई.एस.ओ.एच. (जनवरी) की औपचारिक पत्रिका 'द जर्नल ऑफ ओलंपिक हिस्ट्री' में 'हू वाज नॉर्मन प्रिकार्ड?' शीर्षक से प्रकाशित एक लेख में वह कहता है—''नॉर्मन प्रिकार्ड न तो भारतीय था और न ही उसने पेरिस खेलों में भारत की ओर से भाग लिया था।'' बुकानन ने लिखा है कि प्रिकार्ड सन् 1900 में इंग्लैंड गया था और 12 जून को उसे वहाँ के महत्त्वपूर्ण लंदन एथलेटिक क्लब का सदस्य चुन लिया गया था। अगले ही दिन उसने 440 गज की बाधा दौड़ के लिए क्लब का चैलेंज कप जीत लिया। दो सप्ताह बाद उसने 100 गज और 120 गज बाधा दौड़ के लिए भी क्लब की ट्रॉफी जीती।

प्रिकार्ड ने लंदन एथेलेटिक क्लब और अपने देशी क्लब बंगाल प्रेसीडेंसी एथेलेटिक क्लब के एक सदस्य के रूप में अंतरराष्ट्रीय प्रतियोगिताओं में हिस्सा लिया। बुकानन का दावा है कि इसी वजह से उसे बाद की पुस्तकों में एक भारतीय

बताया गया है। बुकानन के अनुसार, लंदन क्लब खेल-जगत् के इतिहासकारों के अनुसार प्रिकार्ड अमरीका चला गया था, जहाँ वह स्थायी रूप से रहने लगा (और शायद वहीं उसकी मृत्यु हुई)। शरदेंदु सान्याल ने अपनी पुस्तक 'ओलंपिक गेम्स एंड इंडिया' (1970) में और खेल इतिहासकार जाल परदीवाला ने भी यह दावा किया है कि प्रिकार्ड ने हॉलीवुड में मूक फिल्मों में अभिनय किया था और यह भी कहा है कि उसने उस समय की मूक फिल्मों के अग्रणी अभिनेता रोनाल्ड कोलमैन के साथ भी काम किया था। हॉलीवुड इतिहासकारों को विस्तृत खोजबीन के बाद भी कोलमैन से संबंधित फिल्मों में काम करनेवालों की सूची में प्रिकार्ड के नाम का उल्लेख नहीं मिल पाया। यह भी हो सकता है कि फिल्मों में काम करने के लिए उसने कोई दूसरा नाम रख लिया हो। लेकिन क्या प्रिकार्ड ने सन् 1900 में पेरिस में आयोजित ओलंपिक खेलों में भारत का प्रतिनिधित्व किया था और 200 मीटर की दौड़ एवं 200 मीटर की बाधा दौड़, दोनों में रजत पदक जीता था? इस प्रश्न पर भी काफी विवाद है।

डेविड वालचिंस्की द्वारा लिखित पुस्तक 'द कंप्लीट बुक ऑफ दि ओलंपिक्स' में प्रिकार्ड का नाम 'भारत' के अंतर्गत दी गई सूची में शामिल है और वे दोनों पदक भी भारत के नाम हैं। वर्ष 1996 तक के संस्करण में ऐसा ही था। बाद में वालचिंस्की ने बुकानन और इस लेखक द्वारा की गई खोजबीन का हवाला देते हुए सन् 2000 के संस्करण में उसे बदलकर 'ग्रेट ब्रिटेन' कर दिया। तथापि खोजबीन के बाद निकाले गए वे निष्कर्ष केवल बुकानन के हैं। बैरन पियरे डी कॉर्बेटिन (जो स्वयं एक फ्रांसीसी थे) ने आगे आकर विवाद को सुलझाया और इस आयोजन में 'ओलंपिक्स' जुड़वा दिया।

उस समय के ख्यातिप्राप्त खिलाड़ी अमरीका के एल्विन क्रेंजलीन और वाल्टर ट्यूक्सबरी थे। एल्विन के 'ट्रैक एंड फील्ड' स्पर्धा में चार स्वर्ण पदक जीतने के कीर्तिमान को बाद में अमरीका के ही जेसी ओवेंस ने सन् 1936 और कार्ल लुइस ने 1984 में दोहराया। पेरिस में उसने तीन दिनों में ही अपने पदक हासिल कर लिये। ये पदक 200 मीटर की दौड़-फाँद, 60 मीटर की दौड़ (दोनों प्रतियोगिताएँ बंद कर दी गईं), 100 मीटर की दौड़-फाँद और लंबी छलाँग मुकाबलों में आए। ट्यूक्सबरी ने दो स्वर्ण, एक पदक और दो कांस्य पदक जीते। प्रिकार्ड ने विश्व में सर्वश्रेष्ठ की बराबरी की, यहाँ तक कि 200 मीटर की बाधा दौड़ के दूसरे क्रम में उसने विश्व कीर्तिमान स्थापित कर दिया, जिसे बाद में क्रेंजलीन ने अंतिम मुकाबले में अपना चौथा और अंतिम पदक जीतकर तोड़ दिया।

16 जुलाई को 200 मीटर की अंतिम बाधा दौड़ में पाँच देशों की ओर से आठ धावकों ने भाग लिया। विजेता ने यह दौड़ 25.4 सेकंड में पूरी की और प्रिकार्ड 26.0 सेकंड का समय लेकर दूसरे स्थान पर रहा। ट्यूस्कबरी को कांस्य पदक मिला। इससे एक दिन पहले प्रिकार्ड 60 मीटर की दौड़ में पाँचवें स्थान पर रहा था और क्रेंजलीन ने यह दौड़ 7 सेकंड में पूरी कर विश्व रिकॉर्ड बनाया था। प्रिकार्ड भी 200 और 110 मीटर की बाधा दौड़ के अंतिम दौर में पहुँच गया था, जो अपने आप में एक बड़ी उपलब्धि थी।

परीक्षण मुकाबलों में उसके शानदार प्रदर्शन को देखते हुए ही उसे पेरिस ओलंपिक खेलों में ब्रिटेन का प्रतिनिधित्व करने के लिए चुना गया था। हालाँकि कीर्तिमान दर्ज करनेवाली अनेक पुस्तकों में उसे भारत का प्रतिनिधित्व करनेवाला खिलाड़ी बताया गया है और यही बात विवाद का विषय बनी हुई है।

इस लेखक ने फिर भी प्रिकार्ड का नाम इस पुस्तक में शामिल करने का निर्णय किया, क्योंकि वह भारत में पैदा हुआ था और उसने कलकत्ता में फुटबॉल एवं खेलकूद दोनों में भाग लिया था। और भारतीय खेल-जगत् के इतिहासकारों ने उन अनेक संदर्भ पुस्तकों के आधार पर बहुत समय से उसे अपना ही माना है, जिनमें उसके दो रजत पदकों को एक भारतीय खिलाड़ी द्वारा प्राप्त किया गया बताया गया है। प्रिकार्ड पेरिस खेलों में बहुत व्यस्त रहा। वहाँ उसने कुल 12 दौड़ स्पर्धाओं में भाग लिया, जिनमें पाँच मुकाबले 60, 100, 200 मीटर की दौड़ 110 तथा 200 मीटर की दौड़-फाँद के थे और कुछ आरंभिक दौड़ एवं बाधा दौड़ के।

सन् 1900 में आयोजित खेल आधुनिक युग के दूसरे ओलंपिक थे, जिन्हें चार साल पहले एथेंस में दोबारा शुरू किया गया था। लेकिन इस आयोजन को 'इंटरनेशनल चैंपियनशिप' कहा गया था और 'ओलंपिक्स' शब्द कुछ समय के लिए गायब हो गया था। ज्यादा भ्रांति इसलिए उत्पन्न हुई क्योंकि फ्रांस सरकार ने खेलों को पेरिस में सन् 1900 की अंतरराष्ट्रीय प्रदर्शनी से जोड़ने का निर्णय लिया। आधुनिक ओलंपिक आंदोलन के संस्थापक कार्यक्रमानुसार प्रत्येक कड़ी में तीन प्रारंभिक दौड़ें थीं और सामान्यत: प्रत्येक प्रारंभिक दौड़ में पहला और दूसरा स्थान पानेवाला धावक अंतिम मुकाबले में पहुँच जाता था। 200 मीटर दौड़ की स्पर्धा 22 जुलाई को हुई थी, जिसमें 15 प्रतियोगियों ने भाग लिया। धावक-पथ और मैदानी दौड़ के सभी मुकाबलों में ट्यूक्सबरी का यह पाँचवाँ पदक था और उसने यह स्वर्ण पदक 22.2 सेकंड में जीत लिया। प्रिकार्ड 22.8 सेकंड के साथ दूसरे स्थान पर आया। कांस्य पदक ऑस्ट्रेलिया के स्टैनले रॉले को मिला, जिसने 22.9 सेकंड का समय लिया।

प्रिकार्ड की दौड़-प्रतियोगिता 14 जुलाई को आयोजित 110 मीटर की बाधा दौड़ थी, जिसमें वह पाँचवें स्थान पर रहा। 64 साल बाद वही स्थान गुरबचन सिंह रंधावा ने टोक्यो में प्राप्त किया। खेलों के बाद प्रिकार्ड कलकत्ता लौट आया। लेकिन यह पता नहीं चल सका कि क्या वह एक उत्कृष्ट खिलाड़ी के गौरव के साथ आया था या नहीं, हालाँकि इसमें संदेह है। यह बात उससे बहुत वर्ष पहले की है, जब ओलंपिक आंदोलन को व्यापक प्रचार और प्रसिद्धि प्राप्त हुई। उसे सन् 1900 से 1902 तक भारतीय फुटबॉल संगठन का सचिव निर्वाचित किया गया।

वास्तव में फुटबॉल उसका पहला प्रिय खेल था और उसे भारत में एक खुली फुटबॉल प्रतियोगिता में हैट-ट्रिक बनाने का श्रेय प्राप्त है; यह मुकाबला जुलाई 1897 में हुआ था, जिसमें वह सेंट जेवियर की तरफ से सोवाबाजार के विरुद्ध खेला था। उस टूर्नामेंट का आयोजन भारतीय फुटबॉल संगठन बनने से पहले कलकत्ता में डलहौजी फुटबॉल क्लब द्वारा किया गया था और उसे 'ट्रेड्स कप' कहा जाता था, जो सन् 1889 में ट्रेडिंग कंपनी द्वारा डलहौजी को प्रदान किया गया था। यद्यपि डूरंड कप प्रतियोगिता सन् 1888 में प्रारंभ की गई थी, लेकिन तब यह केवल सैन्य टुकड़ियों तक ही सीमित थी।

लंदन एथलेटिक क्लब के रिकॉर्ड के अनुसार, वह सन् 1906 में दोबारा इंग्लैंड गया, लेकिन सन् 1908 तक सूची में उसके आगे 'विदेश में' (संभवत: अमरीका चला गया) लिख दिया गया और उसके बाद क्लब से उसकी सदस्यता भी समाप्त हो गई।

प्रिकार्ड वास्तव में बहु-प्रतिभाशाली व्यक्ति था। उसका नाता केवल खेलकूद से नहीं था। हॉलीवुड फिल्मों में उसका काम करना बहुत से दूसरे ओलंपिक खिलाड़ियों के लिए पहला उदाहरण होगा, जिन्होंने उससे प्रेरित होकर तड़क-भड़कवाली दुनिया की ओर रुख किया है। क्या उसका निधन वहीं हुआ और क्या उसका परिवार अभी भी अमरीका में रहता है? इसका पता लगाना खेल-जगत् के शोधकर्ताओं का काम है।

□

S.S.Manian

खंड-II

हॉकी के जादूगर

प्रस्तुतकर्ता : के. अरुमुगम

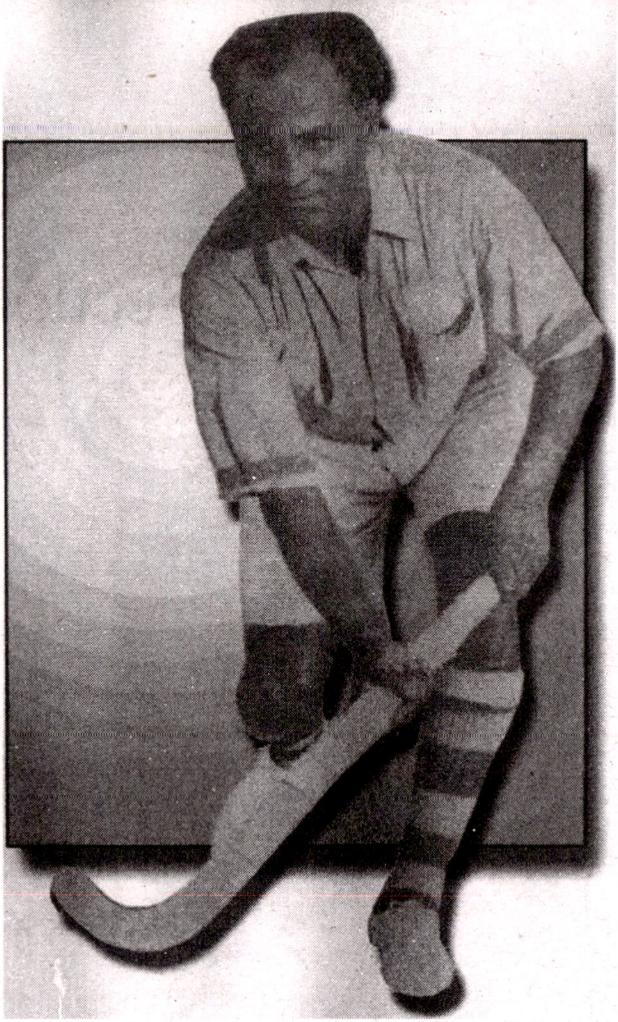

ध्यान चंद

जन्म : 29 अगस्त, 1905

निधन : 3 दिसंबर, 1979

ओलंपिक्स : 1928 (एम्सटर्डम)
1932 (लॉस एंजिलिस)
1936 (बर्लिन)

हॉकी के जादूगर

हॉकी के महानतम खिलाड़ी ध्यान चंद को उचित सम्मान दिए बिना भारतीय हॉकी का इतिहास अधूरा और महत्त्वहीन रहेगा। सन् 1928 में भारत की पहली ओलंपिक टीम के लिए चुने जाने से पहले ही इस चौबीसवर्षीय योद्धा ने हॉकी की दुनिया में एक अत्यंत प्रशंसनीय स्थान प्राप्त कर लिया था। भारत की टीम सन् 1926 में पहली बार विदेश दौरे पर न्यूजीलैंड गई थी, जहाँ उसने खेल में अपने सर्वोत्कृष्ट कौशल एवं गोल दागने की क्षमता के बारे में कोई संदेह नहीं छोड़ा। भारत ने तीन माह के दौरे में जितने गोल करने का श्रेय प्राप्त किया, उनमें से अधिकांश गोल ध्यान चंद की हॉकी से निकले थे, जिसके बारे में कहा जाता है कि उनकी हॉकी में कोई जादुई करिश्मा था। उनके शानदार प्रदर्शन ने उन्हें हीरो बना दिया और हर कोई उनका गुणगान करने लगा। फिर भी, सन् 1928 के ओलंपिक खेलों में भारत की अगुआई करने का सेहरा जयपाल सिंह को पहनाया गया, जो उस समय ऑक्सफोर्ड यूनिवर्सिटी में पढ़ रहे थे और जिन्होंने तब तक अपने देश भारत की भूमि पर एक भी खेल में भाग नहीं लिया था। यह दूसरी बात है कि वह उस टूर्नामेंट में अत्यंत महत्त्वपूर्ण सेमीफाइनल मैच से पहले ही टीम को बीच रास्ते छोड़कर चला गया।

दुनिया का सबसे बड़ा करिश्माई हॉकी खिलाड़ी का दर्जा दिए जाने के बावजूद चार वर्ष बाद, सन् 1932 में, लॉस एंजिलिस में आयोजित ओलंपिक खेलों में भारत की अगुआई करने के लिए अधिकारियों ने लाल शाह बोखारी जैसे एक अनाड़ी को ज्यादा पसंद किया। यह पंजाब का फॉरवर्ड, जो एम्सटर्डम खेलों के दौरान चयनकर्ताओं को प्रभावित करने में विफल रहा था (तब वह सिर्फ एक

स्थानापन्न खिलाड़ी था), भारत को दूसरा ओलंपिक स्वर्ण पदक दिलाने में तो सफल रहा, लेकिन उसके बाद वह गुमनामी के अँधेरे में खो गया।

उन दिनों ध्यान चंद ऐसे विश्वसनीय खिलाड़ी के रूप में स्थापित हो चुके थे कि भारतीय हॉकी संघ ने लॉस एंजिलिस ओलंपिक्स के लिए उन्हें उनकी प्रतिष्ठा के आधार पर ही चुन लिया। चयन से पहले उनकी परीक्षा तक नहीं ली। बिना परीक्षण के चुने जानेवाले वह अकेले खिलाड़ी थे। ऐसा सम्मान पाकर किसी भी खिलाड़ी का मन गर्व से फूला न समाता। लेकिन खेल-भावना से पूरित इस महान् खिलाड़ी को यह अच्छा नहीं लगा। उनका कहना था, ''यद्यपि मुझे भरोसा था कि मुझे चयन-पूर्व परीक्षण के बिना ही टीम में ले लिया जाएगा, फिर भी मुझे लगता था कि यह बात किसी भी तरह उचित नहीं होगी। मेरे विचार में यह मेरे प्रति दरशाया गया एक स्पृहणीय व्यवहार था; जबकि मेरे कई साथी, जो सन् 1928 के ओलंपिक खेलों में मेरे साथ गए थे, टीम में जगह पाने के लिए संघर्ष कर रहे थे और उन्हें अंतरप्रांतीय टूर्नामेंट में अपने जीवट को सिद्ध करना था।''

लेकिन यहाँ एक सवाल यह उठता है कि इतनी प्रशंसा, इतनी जय-जयकार के बावजूद ध्यान चंद को कप्तानी से वंचित क्यों रखा गया? इतने ऊँचे दर्जे की प्रतिभा उपलब्ध होते हुए एक बार के स्थानापन्न (स्टैंडबाइ) खिलाड़ी को क्यों कप्तानी की कमान थमाई गई? इसका सरल-सा जवाब है—हैसियत। वह साधारण से घर से आए मात्र एक सैनिक थे। सन् 1926 में न्यूजीलैंड दौरे के लिए अपने चयन के बारे में जब उन्हें पता चला, उस क्षण उन्हें कैसा लगा, इस संबंध में ध्यान चंद ने कहा, ''मैं बहुत तेजी से दौड़कर अपनी बैरकों में गया और अपने सभी साथी जवानों को वह खबर सुनाई।'' उनकी पहली चिंता यह थी कि उस यात्रा पर जाने के लिए उनके पास अच्छे कपड़े और आवश्यक सामान नहीं था। अंततः उन्होंने सस्ते कपड़ों से ही काम चलाया। उनकी मुख्य निजी पोशाक उनकी सैनिक वरदी थी। अतः यह हैसियत की बात थी, जो उनके और कप्तानी के बीच दीवार बन गई। फिर भी, इस विषय को लेकर ध्यान चंद के मन में न तो किसी के प्रति वैर-भाव था और न ही कोई विद्वेष। वास्तव में, हम उन्हें अपनी आत्मकथा में अपनी प्रशंसा का ढोल पीटने के बजाय, कप्तानी की पदवी के लिए लाल शाह बोखारी और एरिक पेन्निगर (जिनमें से एक ने अंततः खुद के लिए उस पद का दावा किया) के गुण-अवगुणों का विश्लेषण करते हुए पाते हैं। बल्कि वह अपनी सीमित शैक्षिक योग्यता और सेना में अपने साधारण से पद को अपनी अक्षमताओं के रूप में देखते हैं। आश्चर्य की बात है कि टीम को सफलता के गौरव तक पहुँचाने में उनके योगदान और उनकी

क्षमता के बावजूद जब-जब उन्हें कप्तानी से वंचित रखा गया, उस महान् खिलाड़ी के अंदर उस पद को पाने की आकांक्षा और भी कम होती चली गई। दूसरी तरफ, उनके प्रदर्शन में और भी निखार आता दिखा, बजाय इसके कि अधिकारियों के रुख के कारण उनके उत्साह में कमी हो या उनके खेल पर प्रतिकूल असर पड़े। कारण चाहे कितने ही अप्रासंगिक रहे हों, अस्वीकरण और उपेक्षा से निरुत्साहित होने के बजाय ध्यान चंद ने अपने खेल-कौशल में कोई कमी नहीं आने दी, बल्कि उसे बेहतर बनाने की कोशिश की।

तथापि, खेल के मैदान में उनके पराक्रम इतने शानदार थे कि उन्हें कप्तानी के ताज से बहुत देर तक दूर नहीं रखा जा सका और सन् 1934 में पश्चिमी एशियाई खेलों में उन्होंने वह उच्च स्थान प्राप्त कर लिया। लेकिन अगले ही कार्यक्रम में उन्हें एक राजकुमार के पक्ष में झुकना पड़ा। उन्होंने एक शब्द भी नहीं बोला और स्थिति को सहज ढंग से लिया। निश्चय ही भारतीय खेलों के संपूर्ण इतिहास में ऐसा कोई खिलाड़ी नहीं दिखता, जो इतना प्रतिभाशाली और फिर भी इतना शालीन रहा हो।

ऐसे उदाहरणों से दूसरे न जाने कितने लोगों का दिल टूट गया होता, लेकिन इस प्रतिभावान् व्यक्ति के लिए इन बातों का कोई विशेष महत्त्व नहीं था। उनके लिए खेल ही सबसे अधिक महत्त्व रखता था, बाकी बातों से कोई अंतर नहीं पड़ता था। यही कारण था कि जब सन् 1936 के ओलंपिक खेलों से पहले उन्हें कप्तानी की

बर्लिन ओलंपिक्स स्वर्ण विजेता भारतीय हॉकी टीम।
ध्यान चंद बीच की पंक्ति में (बाएँ से दूसरे) पर खड़े।

सीमाओं से परे मित्र

पदवी किसी ऐसे अभिजात वर्ग से संबंध रखनेवाले खिलाड़ी के पक्ष में छोड़ने के लिए कहा गया, जो वास्तव में अपने खेल-स्तर में सुधार के लिए संघर्ष कर रहा था तो उसने वैसा ही किया और विरोध में एक शब्द भी नहीं बोला। आखिरकार हॉकी और देश के हितों की सुरक्षा एक नहीं, कई तरह से की जा सकती है और इस बात को ध्यान चंद के अलावा कौन बेहतर ढंग से साबित कर सकता था? बहुत विचारपूर्वक लिखी गई उनकी पुस्तक 'गोल' में इस विशेषता पर विस्तार से प्रकाश डाला गया है। अपने संस्मरणों में उन्होंने किसी भी खिलाड़ी, चयनकर्ता या प्रशासक पर नकारात्मक टिप्पणी नहीं की है। इसके विपरीत, बर्लिन ओलंपिक्स में टीम में उनके साथी रहे एम.एन. मसूद ने 'वर्ल्ड हॉकी चैंपियंस : 1936' शीर्षक से लिखी अपनी आत्मकथा के जरिए न केवल भारतीय हॉकी संघ की कटु आलोचना की, बल्कि ध्यान चंद के विरुद्ध भी जहर उगला। वस्तुत: यह उसी शैली में थी जिस शैली में बाद के जाने-माने हॉकी खिलाड़ी असलम शेर खान ने अपनी आत्मकथा 'हैल विद हॉकी-1978' और एम.के. ने 'द गोल्डन बूट-2000' में हॉकी दृश्य-विधान में अपने-अपने अनुभवों के बारे में लिखा है। एम.एन. मसूद ने उसकी जगह दूसरे खिलाड़ी को लेने के लिए ध्यान चंद की कड़ी आलोचना की। फिर भी ध्यान चंद ने कई वर्षों बाद लिखे अपने संस्मरणों में लाठी का जवाब पत्थर से देने का रास्ता नहीं अपनाया, हालाँकि वह चाहते तो ऐसा कर सकते थे; क्योंकि हर आलोचना

का उनके पास उचित उत्तर था। इसके बावजूद उन्होंने खुलकर अपने विचार प्रकट करने के लिए मसूद की तारीफ की। उन्होंने आगे कहा, "वह बहुत सी बातों की आलोचना करता रहा है; लेकिन वह जो कुछ कहता है, मैं उन सब बातों से सहमत होता हूँ या नहीं, यह बिलकुल अलग बात है। मैंने उसकी निष्ठा और राय का हमेशा आदर किया है।" यही हैं ध्यान चंद—शालीन, गरिमापूर्ण, प्रकृतिस्थ यानी शांत—मैदान पर हों या मैदान के बाहर।

जब ध्यान चंद को सन् 1936 में ओलंपिक कप्तानी के लिए चुना गया तो उनकी खुशी का ठिकाना नहीं रहा। उन्होंने कहा, "सन् 1928 में पहली ओलंपिक टीम के लिए चुने जाने पर मैं रोमांचित नहीं हुआ था, क्योंकि उस चयन की मुझे आशा थी; लेकिन इस बात की बिलकुल भी आशा नहीं थी कि मुझे भारत की कप्तानी करने के लिए चुन लिया जाएगा।" उनकी उन्नति खेल-जगत् के प्रेमियों के लिए एक महत्त्वपूर्ण मील का पत्थर साबित हुई, जब उत्कृष्टता ने सारे सामाजिक भेदों को परास्त कर दिया और प्रतिभा को उसका उचित सम्मान दिया गया। एक व्यावहारिक व्यक्ति की तरह उन्होंने इस बार चुनौती को स्वीकार किया और खेल के मैदान में अपने संयमपूर्ण एवं शानदार प्रदर्शन से उसका जमकर मुकाबला किया।

उन्होंने किन्हीं छोटी-मोटी बातों को अपनी श्रेष्ठता के रास्ते में रोड़ा नहीं बनने दिया। उन्होंने अत्यधिक प्रशंसा और खीझ भरी बातों, दोनों को एक ही तराजू में तौला और उन्होंने कभी भी अत्यधिक उत्सुकता नहीं दिखाई और न ही तीखी प्रतिक्रिया व्यक्त की। न तो चापलूसी ने इस महान् खिलाड़ी में आत्मतुष्टि का भाव आने दिया और न उन्होंने विपदाओं को अपने खेल पर हावी होने दिया। उनके लिए प्रशंसा के एक शब्द का मतलब था उस प्रशंसा को बनाए रखने के लिए और अधिक प्रयास करना तथा आलोचना को स्वीकार कर लेना ही उनके विचार में सबसे अच्छी प्रतिक्रिया थी। संभवत: यही कारण है कि उनके पूरे खेल-जीवन में, मैदान में रहते हुए, उन्हें कभी भी उकसाया या भड़काया नहीं जा सका।

सन् 1936 ओलंपिक में जर्मनी के विरुद्ध अंतिम मुकाबले के दौरान, जब भारत 6-0 से आगे चल रहा था, प्रतिस्पर्धी गोलरक्षक ने ध्यान चंद को बुरी तरह जख्मी कर दिया और उन्हें प्राथमिक चिकित्सा के लिए मैदान छोड़कर जाना पड़ा, क्योंकि उनका एक दाँत टूट गया था। जब वह प्राथमिक चिकित्सा लेने के बाद मैदान में वापस आए तो उन्होंने अपने साथियों को आक्रामक रूप से न खेलने की सलाह दी और उन्हें सिखाया कि बॉल (गेंद) को कब्जे में कैसे रखा जाता है। ऐसा संयत रुख अपनाने से खेल कम जिस्मानी, अधिक शानदार और कलात्मक हो गया। जिस

मैदान में करीब 25,000 दर्शक मन में हिटलर जैसा जातीय वैर-भाव लिये जोर-शोर से भारतीय लहू के प्यासे हो रहे थे, उनके बीच किसी दुर्भावना के बिना अपना स्वाभाविक खेल दिखाने के इस व्यवहार ने इतनी उच्च स्तरीय खेल-भावना का परिचय दिया, जिसकी बराबरी कर पाना बहुत कठिन है। इसी मैच के लिए, रिकॉर्ड बुक के अनुसार, ध्यान चंद को यद्यपि 6 गोल दागने का श्रेय प्राप्त है, फिर भी वह खुद को तीन गोल करने का ही श्रेय देता है। वास्तव में उन्होंने इस बात को लेकर बहस की कि उन्होंने तीन ही गोल किए हैं—ऐसी थी उनकी ईमानदारी और महानता! ऐसे उच्च आदर्श के उदाहरणों ने उनकी टीम के सदस्यों को अपने खेल में और भी सुधार लाने के लिए प्रेरित किया। पाकिस्तानी खिलाड़ी अली इक्तिदार शाह दारा ने इस महान् खिलाड़ी की तारीफ में यूँ ही नहीं कहा था कि वह ऐसे खिलाड़ी हैं, जो जिस्मानी ताकत का कम-से-कम और सूझ-बूझ का ज्यादा-से-ज्यादा इस्तेमाल करते हैं।

रूप सिंह

एक बार एक हट्टे-कट्टे खिलाड़ी ने जानबूझकर ध्यान चंद को टक्कर मारकर चोट पहुँचाई, लेकिन उन्होंने हमेशा की तरह तब भी कोई प्रतिक्रिया जाहिर नहीं की। वही खिलाड़ी जब बाद में अपनी गलती पर खेद प्रकट करने के लिए ध्यान चंद के पास आया तो वह दंग रह गया, जब ध्यान चंद ने बड़े ही शांत स्वर से यह कहा, "यदि वह घटना न होती तो शायद मैं अतिरिक्त तीन गोल नहीं कर पाता।" सन् 1925 के आरंभ की एक घटना है, जब झेलम में पंजाब इन्फैंट्री टूर्नामेंट में खेले जा रहे निर्णायक मैच में उनकी टीम दो गोल से पीछे चल रही थी और खेल समाप्त होने में चार मिनट का समय शेष था। तभी दर्शकों के बीच बैठे उनके कमान अधिकारी ने चिल्लाकर कहा, "अरे ध्यान चंद, हम पिट रहे हैं, कुछ करो।" ध्यान चंद मैदान में घुस गए और उसने चार मिनट में तीन गोल दागकर जीत पर कब्जा कर लिया। उनके करिश्मों का बखान करनेवाला कोई पूरा रिकॉर्ड मौजूद नहीं है; क्योंकि वे एक नहीं, अनगिनत हैं। जो कोई भी उनके संपर्क में आया, उसकी जुबान पर ध्यान चंद के बारे में कोई-न-कोई रोचक किस्सा अवश्य होता था।

उनके भाई रूप सिंह ने एक उत्साहजनक घटना सुनाई, जो उस समय की है जब म्यूनिख में, दोपहर के भोजन के बाद, टीम ने गोल करने का एक और मौका खो दिया। तभी ध्यान चंद ने तुरंत निर्णय किया कि वह अपने किसी भी साथी को अब

से कोई पास नहीं देंगे। अपने उसी मिजाज में उन्होंने अकेले ही एक के बाद एक छह गोल कर दिए। कप्तान के रूप में वह उतने ही निष्ठुर थे, अन्यथा शांत एवं संयमी थे। रूप सिंह को एक अन्य घटना याद आती है, जब उन्हें अपने भाई की झिड़की खानी पड़ी। उन्होंने एक ऐसा जबरदस्त शॉट लगाया कि बॉल किसी दर्शक को जाकर लगी। ध्यान चंद ने यह देखकर उनसे खेल छोड़कर चले जाने के लिए कह दिया। "वे यहाँ खेल देखने के लिए आते हैं, चोट खाने के लिए नहीं," उनका कहना था। बिना सोचे-समझे खेल में शक्ति-प्रदर्शन करना उन्हें बिलकुल पसंद नहीं था। एक बार ध्यान चंद ने रूप सिंह को दोनों बगल से खेलते हुए देखकर दूसरे खिलाड़ी शिव नारायण को बैठ जाने के लिए कहा, क्योंकि रूप सिंह अपनी जगह से भी खेल रहे थे। रूप सिंह समझ गए। ध्यान चंद ने अपने कोचिंग मैनुअल में लिखा कि "कोई भी स्वार्थी खिलाड़ी टीम के लिए जोखिम होता है। वह टीम को कभी भी उत्कृष्ट प्रदर्शन के लिए प्रेरित नहीं कर सकेगा।" खेल-भावना में सारी टीम को शामिल करने के उद्देश्य से वह किसी को भी छोड़ते नहीं थे, अपने भाई को भी नहीं।

एक और ऐसी घटना हुई, जब एक मैच के दौरान ध्यान चंद ने बॉल टीम के एक खिलाड़ी के.डी. सिंह को पास कर दी। फिर ध्यान चंद उसकी तरफ पीठ करके चलते बने। जब बाद में के.डी. सिंह ने इस विचित्र व्यवहार का कारण उनसे पूछा तो ध्यान चंद ने जवाब दिया, "यदि तुम उस पास से एक गोल नहीं कर सकते तो तुम्हें मेरी टीम में रहने का कोई हक नहीं है।" सिंह को इस महान् खिलाड़ी से अपना सबक मिल गया और फिर बाद में उसे भारतीय टीम का ओलंपिक कप्तान बनने का गौरव प्राप्त हुआ।

बहुत से लोग ध्यान चंद के करिश्माई खेल का श्रेय उन लब्धप्रतिष्ठ लोगों को देते हैं, संयोगवश जिनकी संगति उन्हें प्राप्त हुई; लेकिन मैदान में एक खिलाड़ी और एक उत्प्रेरक के रूप में उनकी भूमिका का गहन अध्ययन करने पर यह अनुभूति होती है कि उनके व्यक्तित्व में ही ऐसी कोई विशेषता थी जिसने उनकी टीम के सदस्यों को इतना यश बटोरने योग्य बनाया। जैसा कि एक अन्य ओलंपिक खिलाड़ी केशव दत्त का कहना है कि उनकी वास्तविक प्रतिभा उनके कंधों के ऊपर है। उनका दिमाग हॉकी खेल के बारे में उस शताब्दी का सबसे बढ़िया दिमाग था। ध्यान चंद को अपने खेल-बोध से पता चल जाता था कि प्रतियोगी दल की रक्षा-योजना कैसी है और खामियाँ किधर हैं। दूसरे शब्दों में, एक वही ऐसे खिलाड़ी थे जिनकी सोच का अनुमान लगाना मुश्किल था, बाकी सब उनके इर्द-गिर्द उनकी युक्तियों का

बर्लिन ओलंपिक के फाइनल मैच में ध्यान चंद (बीच में) गोल दागने की मुद्रा में।

ही अनुसरण करते थे।

उनमें विरोधी टीम की योजना, दाँव-पेच को समझने की अलौकिक क्षमता थी। सन् 1936 के ओलंपिक खेलों में जर्मनी के साथ अंतिम मुकाबले में जब भारतीय टीम अपने प्रतियोगी की रक्षा-पंक्ति को तोड़ न पाने के कारण हतोत्साहित हो रही थी, तब ध्यान चंद की यही गहरी सूझ-बूझ काम आई और भारतीय टीम ने वह मुकाबला 8-1 से जीत लिया। न जाने किस असाधारण समझ के वशीभूत उन्होंने एक खिलाड़ी (रूप सिंह) को एक विशेष पास के लिए तैयार रहने को कहा, जो 25 गज रेखा के निकट किसी भी क्षण आ सकता था। कुछ ही मिनट बाद उनको वह खाली जगह मिल गई, जिसकी वह प्रतीक्षा कर रहे थे, और ऐसा महत्त्वपूर्ण मौका मिलते ही उन्होंने गेंद तुरंत उस बिंदु तक पास कर दी। इस तरह, भारत को आधा समय समाप्त होने से दो या तीन मिनट पहले ही गोल करने का अवसर मिल गया।

अद्वितीय मानवीय गुणों से भरपूर व्यक्तित्व और खेल की असाधारण पकड़ ने ध्यान चंद को ऐसा महान् खिलाड़ी बना दिया जिन्हें बाजीगर, जादूगर, उस्ताद, अद्भुत प्रतिभाशाली, मानव मछली आदि विशेषणों से पुकारा जाने लगा और वह उन सभी पर खरे उतरे।

ध्यान चंद जन्मजात प्रतिभा के धनी थे और वह लिखे-लिखाए, रटे-रटाए तरीकों के बजाय मौका देखकर नई सूझ-बूझ से चाल चलने में विश्वास करते थे। उनकी गति में वह मारक तेजी नहीं थी, जो उनके जितने ही लब्धप्रतिष्ठ उनके भाई

और सन् 1936 ओलंपिक फाइनल में ध्यान चंद (एकदम दाएँ) द्वारा एक और गोल।

रूप सिंह की गति में थी और न ही गेंद पर उनका प्रहार (शॉट) इतना शक्तिशाली होता था जितना उनके समकालीन खिलाड़ी फ्रैंक वेल्स का। ध्यान चंद को अपनी विलक्षण समझ-बूझ से यह पूर्वानुमान हो जाता था कि कहाँ जगह होनेवाली है और अकसर वह निचले, हलके-हलके धक्के लगाते हुए, दूसरों को भ्रम में डालकर, गोल करने में सफल हो जाते थे। वृत्त के अंदर उनका मनमौजीपन क्या गुल खिलानेवाला है, इसका पूर्वानुमान वह किसी को नहीं होने देते थे। वह गेंद को इतनी फुरती, ऐसी तड़ित गति से जाल के अंदर डाल देते थे कि अच्छे से अच्छा गोलरक्षक भी चकित रह जाता था। वह एक क्षण से भी कम समय में इतने नाटकीय ढंग से शॉट लगाते थे कि प्रतिरक्षक प्रायः विस्मित हो जाते थे। हर शॉट की शैली और तकनीक अलग होती थी। यही कारण है कि उनके साथी उसे गोल दागने के साधारण से कार्य को छल के जरिए परिपूर्ण कला के स्तर तक पहुँचाने के लिए जिम्मेदार समझते हैं। एक बार रगबी के एक अनुभवी खिलाड़ी ने ध्यान चंद को न्यूजीलैंड में एक मैच में खेलते हुए देखने के बाद कहा, "उसके खेल को देखकर कहा जा सकता है कि उनमें इतनी बढ़िया गति और ऐसा सुंदर तालमेल है कि उसकी तुलना में रगबी का खेल ऐसा लगता है जैसे मैदान में बहुत सी गायों को खुला छोड़ दिया गया है।"

गेंद को कब्जे में करने की कला में वह उतना प्रवीण नहीं थे जितना कि उसके

बाद उभरा सितारा राजगोपाल या गेंद को लुढ़काकर आगे ले जाने में अनुभवी पेरूमल थे। गेंद को नियंत्रण में करने और गेंद को कब, किस खिलाड़ी के पास पहुँचाना है, उस समय का सही निर्धारण करने में ध्यान चंद का कोई सानी नहीं था। उनके समकक्षी गेंद के नियंत्रण पर महारत हासिल करने का श्रेय उनकी विनम्र शैली को देते हैं। उन्हें खेलते हुए देखना न केवल प्रशंसकों के लिए खुशी की बात है बल्कि अपने आप में एक सबक भी है। कम-से-कम पाँच अलग-अलग देशों की राष्ट्रीय टीमों को प्रशिक्षण देनेवाले इक्यानवे वर्षीय ओलंपिक अंपायर ज्ञान सिंह का कहना है कि जब तक खेलों का प्रशिक्षण संस्थानों द्वारा और कैमरा-बंद तकनीकों द्वारा दिए जाने का युग आरंभ नहीं हुआ था, उससे पहले उन्होंने प्रशिक्षण के मूल सिद्धांतों को ध्यान चंद द्वारा खेले गए मैचों की अंपायरिंग करके सीख-समझ लिया था।

एक पत्रकार ने टिप्पणी की, ''ध्यान चंद दुबले-पतले हैं, लेकिन बहुत फुरतीले हैं और उनमें किसी भी स्थिति को पहले से ही भाँप लेने की जन्मजात योग्यता है। उनकी नजर बाज की तरह पैनी थी और उनकी चाल में शिकारी कुत्ते जैसी तेजी थी। उन्होंने दिखा दिया कि विरोधियों के चक्रव्यूह को तोड़कर किस तरह अपना रास्ता साफ किया जाता है और किस तरह गेंद को अपने कब्जे में बनाए रखकर हॉकी के जरिए बचाते हुए आगे बढ़ा जाता है। वह अपनी ताकत दिखाने के लिए गेंद पर दमदार प्रहार नहीं करते हैं, बल्कि गेंद को अगल-बगल तेजी से मारते हुए, बचाते हुए आगे बढ़ते जाते हैं। उन्होंने घंटों-घंटों कड़ी मेहनत करके खेल की बारीकियों में शानदार दक्षता हासिल की और ऐसे रिकॉर्ड बनाने में सफल हुए, जिन्हें उनकी पीढ़ी के खिलाड़ियों द्वारा पार नहीं किया जा सका।''

ध्यान चंद ने साबित कर दिया कि दुनिया में सबसे शक्तिशाली टीमों के खिलाफ गोल करना आसान हो सकता है। उन्होंने सन् 1932 के ओलंपिक-पूर्व दौरे में 338 में से 133, सन् 1936 ओलंपिक-पूर्व मैचों में 175 में से 59, लॉस एंजिलिस ओलंपिक खेलों में 35 में से 19 और 1936 के बर्लिन ओलंपिक्स में 38 में से 11 गोल अपने नाम किए। सन् 1935 में उन्होंने खेल कार्यक्रम के अंतर्गत न्यूजीलैंड, श्रीलंका और ऑस्ट्रेलिया सहित कई देशों में 48 में से 43 मैचों में हिस्सा लिया और 201 गोल बनाए। जब उन्होंने सन् 1947 में पूर्वी अफ्रीका का दौरा किया, तब उनकी उम्र 42 वर्ष की थी और उन्होंने 22 मैचों में 61 गोल मारे। उनकी बढ़ती आयु भी गोल करने के उसके जोश को कम नहीं कर सकी। उन्होंने इन देशों की यात्रा इसलिए की, क्योंकि मेजबान देश ने भारतीय हॉकी संघ से विशेष अनुरोध किया था और कहा था, ''ध्यान चंद नहीं तो कोई टीम नहीं।''

ध्यान चंद के होनहार पुत्र अशोक कुमार (बाएँ) शॉट खेलते हुए।

आँकड़े भयभीत करनेवाले हो सकते हैं, लेकिन उतने ही महत्त्वपूर्ण भी हैं; क्योंकि जितने गोल उनके खाते में हैं, मैदान में उनके खेल-प्रदर्शन की शानदार और कलात्मक शैली का भी उनमें बराबर का योगदान है। ज्ञान सिंह का कहना है कि वह किसी भी कोण से गोल कर सकते थे। वह गेंद को हलके-हलके धक्के देते हुए, छलपूर्ण ढंग से गोल की तरफ ले जाते थे और सही मौका देखते ही शॉट लगा देते थे। उनके शॉट बहुत सौम्य होते थे। सन् 1936 ओलंपिक्स में टेलीविजन कैमरों का पहली बार प्रयोग किया गया था और उनके गोल दागने के दृश्यों को मंद गति में कैद किया गया था और जर्मनी के लोग यह देखकर चकित थे कि वह किस आसानी से एक के बाद एक प्रतिरक्षक को चकमा देकर खुद को उस जगह पर ले आते थे, जहाँ से वह सही शॉट लगा सकें।

स्वामी जगन्नाथ अनेक यात्रा-कार्यक्रमों के प्रबंधक थे, जिनमें बर्लिन ओलंपिक दौरा भी शामिल था। वह एक खिलाड़ी, आयोजक और अंपायर होने के अलावा प्रतिष्ठित राष्ट्रीय खेल-कूद संस्थान, पटियाला, भारत में ध्यान चंद के साथ एक प्रशिक्षक यानी कोच भी थे। स्वामी जगन्नाथ ने ध्यान चंद के बारे में कहा, "ध्यान चंद जैसे व्यक्ति को अपने खेल-प्रदर्शन में मछली जैसी क्रियाएँ करते देख बहुत मजा आता है। उनके हाव-भाव में तेंदुए जैसी फुरती और शान होती है, और वह बड़ी चतुराई से अपने विरोधियों को चकमा देकर आगे निकल जाते हैं।"

खेल पर उनकी इतनी मजबूत पकड़ थी कि वह अपनी पचास वर्ष से ऊपर की आयु में भी गेंद को अच्छे-से-अच्छे गोलरक्षक के सामने से गोल में पहुँचा सकते थे। वह गेंद को हाथ से नीचे छोड़ देंगे और 'हाफवॉली' अर्थात् बीचोबीच शॉट लगाकर उसे जाल के कोने में पहुँचा देंगे। यहाँ तक कि तीन बार ओलंपिक खेलों में भाग ले चुका शंकर लक्ष्मण जैसा अनुभवी गोलकीपर भी उनके आगे लाचार हो जाता था। प्रसिद्ध क्रिकेट खिलाड़ी सर डॉन ब्रैडमैन ने ध्यान चंद से कहा था, "तुम तो इतने गोल मारते हो, जैसे क्रिकेट में रन बटोरे जाते हैं।" सन् 1935 में एडिलेड में उन्हें खेलते हुए देखकर उनकी शैली से ब्रैडमैन इस कदर प्रभावित हुए थे।

विएना में उनकी एक प्रतीकात्मक मूर्ति बनाई गई थी, जिसकें चार हाथ दिखाए गए थे और चारों हाथों में हॉकी थी—लगता था, जैसे वह मूर्ति दुनिया को बता रही हो कि ध्यान चंद के सामने किसी मानव का टिक पाना नितांत असंभव है। जैसे-जैसे उसकी अजेय प्रतिभा ने अधिकाधिक लोगों को प्रभावित किया वैसे-वैसे उनकी असाधारण विशेषताओं के बारे में मनगढ़ंत कहानी-किस्से सुने जाने लगे। जापानियों को शक होने लगा कि उनकी हॉकी में कहीं गोंद तो नहीं लगा है। वास्तव में हिटलर भी उनकी हॉकी खरीदना चाहता था। एक यूरोपियन खिलाड़ी ने तो उनकी हॉकी ही तोड़ डाली, यह देखने के लिए कि उसके अंदर कहीं चुंबक तो नहीं है। हिटलर ने ध्यान चंद को अपनी फौज में भरती होने का न्यौता दिया''आदि-आदि। इन कहानियों को सच साबित नहीं किया जा सकता है; लेकिन इनसे उनकी छवि के बारे में अच्छे संकेत अवश्य मिलते हैं। फौज में 'अन्य श्रेणी' के सैनिक के लिए यह वाकई कितनी चमत्कारक उन्नति थी।

ध्यान चंद ने हॉकी खेलना काफी छोटी उम्र से शुरू किया था। जब वह प्राथमिक विद्यालय में पढ़ रहे थे, तभी से उन्हें ऐसा शौक चढ़ गया था कि वह ताड़ के पेड़ की टहनी की हॉकी जैसी 'छड़ी' बना लेता था और पुराने चिथड़ों की गेंद बनाकर खेला करते थे। 16 साल की उम्र में उन्होंने देश की रक्षा के लिए समर्पित अपने परिवार की परंपरा के अनुसार, फौज में नौकरी कर ली। यह नौकरी उनके लिए वरदान साबित हुई। उन दिनों छावनियों में हॉकी का खेल बहुत लोकप्रिय था और उनके गुरु बोले तिवारी ने उनके खेल-कौशल को तराशकर चमका दिया। युवा ध्यान चंद के सिर पर वैसे भी खेल का भूत सवार रहता था। उन्होंने कड़ी मेहनत की और फौज में खेलते हुए चार वर्ष के अंदर ही उसे समुद्र पार जानेवाले सबसे पहले भारतीय दल में जगह मिल गई—जब सन् 1926 में फौज की टीम न्यूजीलैंड के लिए

रवाना हुई। उस दौरे पर उन्होंने हॉकी के खेल में अपनी निपुणता और चमत्कारक कला का प्रदर्शन करते हुए लगभग 100 गोल अपने नाम कर लिये।

अनेक बाधाओं को पार करने के बाद भारतीय टीम को जब पहली बार सन् 1928 में ओलंपिक खेलों में जाने का मौका मिला, भारत ने सभी मैच बड़ी आसानी से जीत लिये। 26 मई को खेले गए अंतिम मैच में भारत ने हॉलैंड को 3–0 से हराया। ध्यान चंद ने दो गोल किए। चार साल बाद लॉस एंजिलिस में भारत ने स्वर्ण पदक तो हासिल कर लिया; लेकिन खेल के मैदान में उनकी संतुष्टि नहीं हुई; क्योंकि भारत को कड़ी टक्कर देनेवाली कोई टीम वहाँ नहीं थी। संयुक्त राज्य अमेरिका और जापान की नई–नई टीमें कोई टक्कर नहीं दे सकीं। भारत ने यू.एस.ए. के विरुद्ध 24–1 और जापान के विरुद्ध 11–0 से मुकाबला जीत लिया। ध्यान चंद ने जापान के खिलाफ 4 गोल किए और अमरीका के खिलाफ 8 गोल। 24 गोल से अमरीका की हार हॉकी के इतिहास में दर्ज अब तक की सबसे करारी हार है।

सन् 1975 का विश्व कप जीतकर आने के बाद एयरपोर्ट पर अशोक कुमार (बीच में) का स्वागत। अशोक कुमार ने फाइनल में जीत का गोल मारा।

सन् 1936 में बर्लिन के दौरे पर काफी मजबूत टीमों के साथ मुकाबला हुआ। लेकिन यहाँ भी भारत ने हर मैच जीत लिया। जर्मनी के विरुद्ध निर्णायक मैच में ध्यान चंद ने अपना सर्वश्रेष्ठ प्रदर्शन किया और भारतीय टीम ने खेल के सभी प्रशंसकों का दिल जीत लिया। हालाँकि जस्सी ओवेंस ने दौड़ के मार्ग पर आर्यों की

ध्यान चंद (दाहिने से तीसरे) पूर्व प्रधानमंत्री इंदिरा गांधी (बिलकुल बाईं ओर) से बात करते हुए।

श्रेष्ठता की अनेक किंवदंतियों को छिन्न-भिन्न कर दिया, जिन्हें नाजी ताकतों ने प्रस्तुत किया था। हॉकी के मैदान में ध्यान चंद ने जादू कर डाला। मैच जैसे-जैसे आगे बढ़ रहा था, भारत के लिए गोल करना उतना ही कठिन होता दिख रहा था। वास्तव में, मैच शुरू होने के कुछ समय बाद तक एक भी गोल नहीं किया गया था। हताश होकर ध्यान चंद ने अपने जूते कुछ इस तरह उतारकर फेंक दिए, जैसे वह अपने गाँव के हरे मैदान में खेल रहे हों, और एक क्षण से भी कम समय में उन्होंने गेंद को उछालकर रूप सिंह की तरफ फेंक दिया। फिर क्या था, देखते-ही-देखते गोल हो गया। भारत ने 7 गोल और किए और हर गोल में इस विख्यात खिलाड़ी का हाथ था। जर्मनी के लोग उनके कलात्मक प्रदर्शन से इतने मुग्ध हो गए कि उस

अपनी अनूठी शैली का प्रदर्शन करते हुए ध्यान चंद

ऐतिहासिक जीत के बाद का घटनाक्रम भारत में लोक-साहित्य बन गया। इन घटनाओं में से एक घटना उल्लेखनीय है, जो स्वयं हिटलर से संबंधित है।

रिफाकत अली ने, जो उस समय भारतीय खेल-कूद संस्थान, पटियाला में एक जूनियर अधिकारी थे, जहाँ ध्यान चंद मुख्य प्रशिक्षक की हैसियत से काम करते थे, टिप्पणी की, ''भारत के सर्वश्रेष्ठ खिलाड़ी के कला-कौशल से हिटलर इतना मोहित था कि उसने पूरी भारतीय टीम को रात्रिभोज के लिए आमंत्रित किया और ध्यान चंद से कहा कि यदि वह जर्मनी में आकर बस जाएँ तो उन्हें फील्ड मार्शल का

ध्यान चंद के परिवार के सदस्य उनकी मूर्ति के सामने।

खिताब दिया जाएगा। लेकिन ध्यान चंद ने वह प्रस्ताव ठुकरा दिया।''

हालाँकि इन कहानियों को प्रमाणित करना कठिन है, वह भी ध्यान चंद की पुस्तक 'गोल' को ध्यान में रखते हुए, जिसमें उन्होंने सभी चापलूसी भरी बातों से किनारा किया है। लेकिन एक बात निश्चित है—कि ध्यान चंद ने दूसरे देशों की टीमों को प्रशिक्षित करना कभी पसंद नहीं किया। यहाँ दी गई एक और घटना से भी इस बात की पुष्टि होती है। उनके निकट संबंधी उन्हें 'दादा' कहकर पुकारते थे। उनका कहना है कि देशभक्ति की माँग के आगे दादा अपने निजी लाभों को भूल जाते थे। ध्यान चंद के साथ कई बार यात्रा पर गए अनुभवी पत्रकार सुशील जैन भावुकता के साथ याद करके कहते हैं, ''एक बार उन्होंने एक जर्मन टीम को प्रशिक्षित करने से साफ इनकार कर दिया। उनकी दयनीय वित्तीय स्थिति को जानते हुए मैंने आग्रह किया कि उन्हें वह लाभ का सौदा मंजूर कर लेना चाहिए; लेकिन उन्होंने यह कहते हुए मेरा मुँह बंद कर दिया, 'यदि मैं उन्हें सिखाता हूँ और वे हमें हरा देते हैं तो मैं अपना मुँह कहाँ छिपाऊँगा?' '' ऐसे थे उनके सिद्धांत, जहाँ देश की बात आती थी। तथापि इस देश ने उनके अनुभव और प्रशिक्षण कौशल का उतना लाभ नहीं उठाया जितना लाभ उठाना चाहिए था।

कहने का मतलब यह नहीं है कि राष्ट्र उनके प्रति कृतज्ञ नहीं था या इस महान् खिलाड़ी का सम्मान करने में राष्ट्र के उत्साह में कमी थी। भारत सरकार ने उनके नाम से एक स्मारक डाक टिकट जारी किया और सन् 1956 में उन्हें पद्म भूषण से सम्मानित किया, जो इस देश के उच्चतम नागरिक सम्मानों में से एक है। हॉकी में आज तक वही एकमात्र पद्म भूषण विजेता हैं। इसके अलावा, उनके जन्मदिन को राष्ट्रीय खेल दिवस के रूप में घोषित किया गया है। इस दिन खेलों के लिए 'अर्जुन' और 'द्रोणाचार्य' पुरस्कार दिए जाते हैं। ये पुरस्कार उन खिलाड़ियों को दिए जाते हैं जिनका जीवन खेल को समर्पित रहा है। सेना ने उन्हें 'किंग्स कमीशन' से अलंकृत किया और सन् 1943 में उन्हें पदोन्नत कर मेजर का रैंक दे दिया। भारतीय खेल प्राधिकरण ने सन् 1995 में उस ऐतिहासिक नेशनल स्टेडियम के प्रवेश-द्वार पर मेजर ध्यान चंद की बहुत बड़ी प्रतिमा स्थापित की, जहाँ सन् 1951 में एशियाई खेलों का उद्घाटन-समारोह आयोजित किया गया था। भारत में किसी भी खिलाड़ी की यह अकेली प्रतिमा है। ध्यान चंद द्वारा हासिल की गई सफलता के महत्त्व को तब तक पूरी तरह नहीं समझा जा सकता है जब तक कि इस बात का अनुमान न हो कि उसके समय में खेल-कूद अर्थात् खेल को एक शौक के तौर पर लिया जाता था। यह मुख्य

रूप से अभिजात वर्ग—अंग्रेज शासकों, धनाढ्य राजकुमारों और प्रभावशाली आंग्ल-भारतीयों के मन-बहलाव का खेल हुआ करता था। सच तो यह है कि भारत की पहली तीन ओलंपिक टीमों में समाज के इन्हीं विशिष्ट वर्गों के सदस्यों की संख्या अधिक थी। ध्यान चंद एक साधारण भारतीय थे, एक सेवारत सिपाही मात्र। खेल ने न तो उनके रहन-सहन के स्तर को ऊपर उठाया और न ही उनकी सुख-सुविधाओं में वृद्धि हुई। फिर भी उन्होंने खेल में रुचि ली और उसे खेल-कौशल के सर्वोत्तम प्रदर्शन के रूप में विकसित किया। वह टीम में सहज भारतीय प्रतिभा के असाधारण प्रतिनिधि थे। उनके शानदार प्रदर्शन के कारण ही अनेक मैचों में हमारे देश को ऐतिहासिक विजय प्राप्त हुई। खेल-कूद के क्षेत्र में देश को विश्वसनीय पहचान दिलाने का श्रेय यदि खेल-जगत् से जुड़े किसी एक व्यक्तित्व को जाता है तो वह व्यक्तित्व इस साधारण आदमी के अलावा कोई नहीं हो सकता।

यदि वह न होते तो स्वतंत्रता-प्राप्ति के बाद भारत की सभी विजयों की चमक फीकी पड़ गई होती और खेल-जगत् में उन उपलब्धियों का श्रेय पाने के लिए अनेक दावेदार उठ खड़े होते। यह केवल ध्यान चंद और उनके बेजोड़ प्रदर्शन का ही कमाल था कि भारत को न केवल स्वर्ण पदक हासिल हुए बल्कि देश उन्हें बनाए भी रख सका।

उनके खेल में ऐसा करिश्माई अंदाज था कि उनका नाम लेने भर से खिलाड़ियों में प्रेरणा की लहर दौड़ जाती थी। उनसे प्रभावित होकर उनके भाई रूप सिंह और उनके लब्धप्रतिष्ठ पुत्र अशोक कुमार ने हॉकी खेलना शुरू कर दिया। अशोक कुमार ने चार बार विश्व कप और दो बार ओलंपिक खेलों में हिस्सा लिया। सन् 1975 के विश्व कप फाइनल में जीत दिलानेवाला गोल करके उन्होंने लाखों-करोड़ों दिलों में अपनी जगह बना ली। ध्यान चंद की पौत्री नेहा सिंह ने भी सन् 1998 में विश्व कप मुकाबलों में भाग लिया।

ध्यान चंद अब केवल एक नाम नहीं हैं, उससे भी कहीं बढ़कर हैं। वह श्रेष्ठता का पर्याय बन गए हैं। अगले तीन ओलंपिक खेलों (1948-1956) में भारत को जीत दिलाने में जिस बलबीर सिंह का बड़ा हाथ रहा, उन्हें प्यार से 'आधुनिक युग का ध्यान चंद' कहा जाने लगा। गोल बनानेवाली मशीन के नाम से मशहूर हबीब-उर-रहमान (1952 और 1956 ओलंपिक्स) को 'पाकिस्तान का ध्यान चंद' कहा गया। भारतीय ओलंपिक संगठन ने उन्हें अकारण ही 'शताब्दी का महान् खिलाड़ी' नहीं कहा।

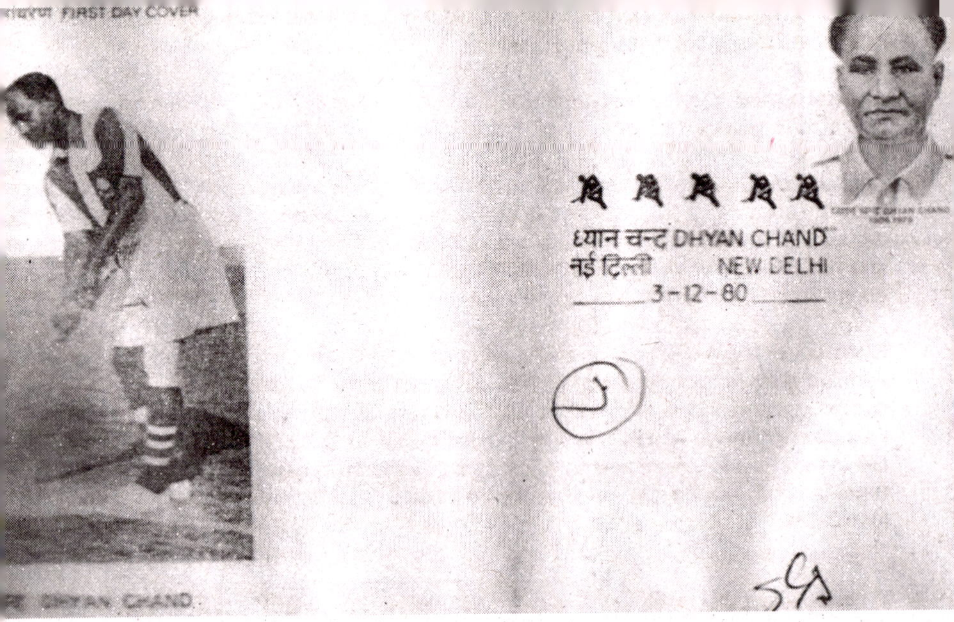

महानतम खिलाड़ी को चिरस्मरणीय बनाने के लिए : भारत सरकार ने ध्यान चंद के नाम से एक डाक टिकट जारी किया।

ध्यान चंद ने 3 दिसंबर, 1979 को दिल्ली में अपनी अंतिम साँस ली। इस महान् खिलाड़ी की अस्थियों को उत्तर प्रदेश के ऐतिहासिक शहर झाँसी में, वीरों के मैदान में पूरे सैनिक सम्मान के साथ दफनाया गया।

□

बलबीर सिंह दुसाँझ

निराला सितारा

यह भारत की नियति के साथ भेंट का समय था। सन् 1947 में राष्ट्र में उपद्रव मचा हुआ था। दो सौ वर्षों के ब्रिटिश शासन से मुक्ति पाने के लिए देश को भारी कीमत चुकानी पड़ी; गहरे सदमे भी लगे और विपदा भी आई। धर्म और मजहब को लेकर देश का विभाजन हुआ तथा देश के उत्तरी एवं पूर्वी भागों में इसलामिक रिपब्लिक ऑफ पाकिस्तान का जन्म हुआ। नई सीमा के आर-पार बड़ी संख्या में लोगों ने एक ओर से दूसरी ओर प्रवास किया। विभाजन बहुत दर्दनाक था, जिसकी वजह से अभूतपूर्व हिंसा, मार-काट और अविश्वास का वातावरण बना। उस समय के प्रत्येक खिलाड़ी की जुबान पर अपनी ही किसी व्यथा की कहानी थी।

तब जिस लाहौर शहर को उप-महाद्वीप की हॉकी का शक्ति-केंद्र माना जाता था और बर्लिन ओलंपिक्स के लिए अठारह सदस्यीय भारतीय दल के सात सदस्य जिस शहर से आए थे, वह लाहौर अब पाकिस्तान का हिस्सा बन चुका था। लाहौर में रहनेवाले कई बड़े हॉकी खिलाड़ियों को भारत में आकर बसना पड़ा और यहाँ के कई खिलाड़ियों को लाहौर में। मध्य भारत से आए अनेक खिलाड़ियों ने पाकिस्तान में बसने का निर्णय किया। उनमें वाई.एम. यूसुफ भी थे, जो बाद में अफगान नागरिक बन गए। उस स्थिति में यह सवाल उठना स्वाभाविक था कि क्या भारत इन महान् खिलाड़ियों के बिना अपना आधिपत्य बनाए रख सकेगा?

एक और संबंधित घटना आंग्ल-भारतीयों के बारे में है। हालाँकि 35 करोड़ की आबादीवाले देश में उनकी संख्या बहुत कम थी, फिर भी विश्वयुद्ध-पूर्व युग में वे भारतीय हॉकी का महत्त्वपूर्ण अंग बने हुए थे। सन् 1928 में एम्सटर्डम में भारत

बलबीर सिंह दुसाँझ

जन्म : 19 अक्तूबर, 1924

स्थान : मोहा, पंजाब

ओलंपिक्स :

1948 (लंदन)

1952 (हेलसिंकी)

1956 (मेलबोर्न)

की पहली ओलंपिक टीम के 16 सितारों में से 9 इस समुदाय के थे। नए राजनीतिक घटनाक्रम के चलते उनमें से बहुत से खिलाड़ियों ने अन्यत्र चले जाने का फैसला किया। वे झुंड-के-झुंड बनाकर भारत से चले गए और इंग्लैंड, ऑस्ट्रेलिया, कनाडा, न्यूजीलैंड तथा अन्य देशों में जाकर बस गए। वे हॉकी के बड़े प्रेमी और पेशेवर खिलाड़ी थे। फिर भी उनके चले ज़ाने से भारतीय हॉकी को जो नुकसान पहुँचा, बहुत ज्यादा था।

एक तरफ तो प्रतिभाशाली खिलाड़ियों की संख्या में भारी कमी हो गई थी और दूसरी तरफ देश-विभाजन के जख्मों से देश की सामूहिक अंतश्चेतना अभी तक उबर भी नहीं पाई थी कि इसी पृष्ठभूमि में भारत को सन् 1948 के लंदन ओलंपिक खेलों के लिए अपना अभियान शुरू करना पड़ा। देश की छवि को बरकरार रखने के लिए बहुत ज्यादा दबाव था, क्योंकि उस छवि, उस प्रतिष्ठा को प्राप्त करने और तब तक बनाए रखने में '20 के दशक में बड़े मुश्किल हालात से गुजरना पड़ा था। इसके अलावा ब्रिटेन की वह मजबूत टीम मुकाबले के लिए फिर से मैदान में उतर पड़ी थी, जिसने ओलंपिक हॉकी खेलने से तब तक खुद को दूर रखा था। भारत के सामने गंभीर चुनौती थी।

बलबीर सिंह चौबीस वर्ष की आयु में

इसी ऐतिहासिक पृष्ठभूमि के अंतर्गत बलबीर सिंह ने भारत के मान को उच्चतम स्तर तक उठाने में उत्कृष्ट भूमिका निभाई। किसी ने भी नहीं सोचा था कि यह चौबीस वर्षीय सेंटर-फॉरवर्ड (मध्य में खेलनेवाला) खिलाड़ी लंदन ओलंपिक्स में ध्यान चंद की देन का

इतना सहज और शानदार प्रदर्शन करेगा।

लंदन में पहले मैच में ही उन्होंने जिस तरह का प्रदर्शन किया, उससे ही पता चल गया था कि टीम में उनके रहते अगले दो और ओलंपिक खेलों का क्या परिणाम होगा। यद्यपि वह अर्जेंटीना के विरुद्ध आरंभिक खेल में पहले ग्यारह खिलाड़ियों में शामिल नहीं थे, परंतु जब रेजी नाम का एक खिलाड़ी बीमार हो गया तो उसकी जगह पंजाब के इस खिलाड़ी को अर्जेंटीना के विरुद्ध मैच में शामिल किया गया। इस नवागत ने अकेले ही मैच को पलट दिया। प्रतिरक्षक पंक्ति को चीरते हुए उन्होंने छह गोल दाग दिए और लातिन-अमरीकियों को 9-1 से मात दे दी। इस प्रकार, उन्होंने प्रथम मैच में ही गोल करने और हैट-ट्रिक बनाने का कमाल हासिल कर लिया। जिस व्यक्ति ने बाद में लगातार तीन ओलंपिक खेलों में स्वर्ण पदक जीतने की हैट-ट्रिक बनाई, उसके लिए यह कीर्तिमान आनेवाले समय का शुभ-संकेत साबित हुआ। तथापि उन्हें विश्व-स्तर की हॉकी में अपने लिए उपयुक्त स्थान बनाने से पहले अनेक अनिश्चित पड़ावों से गुजरना पड़ा।

खेल पर अपनी मजबूत पकड़ जमाने और खुद को साबित करने का पहला अवसर बलबीर सिंह को अगले ही मैच में प्राप्त हो गया। उन्हें कहा गया कि वह स्पेन से भिड़ने के लिए तैयार रहें। लेकिन जैसे ही वह मैदान में प्रवेश करनेवाले थे, तभी उन्हें रोक दिया गया और मैनेजर पंकज गुप्ता ने उनकी जगह नंदी सिंह को भेज दिया। जिस तरह ध्यान चंद, जिसे वह अपना आदर्श मानते थे और जो खेल के हित में अपने हर अपमान को अनदेखा कर देते थे, उसी तरह बलबीर सिंह ने भी अपनी योग्यता साबित करने का मौका उनसे छीन लिये जाने के निर्णय के खिलाफ एक शब्द भी नहीं कहा। हॉलैंड के विरुद्ध सेमीफाइनल के दौरान भी उनके साथ ऐसा ही हुआ। वह पहले ग्यारह खिलाड़ियों में थे और मैदान में भी पहुँच गए थे। लेकिन जब वह शॉट लगाने की तैयारी कर ही रहे थे, तभी कप्तान किशन लाल ने उसे ग्लैकिन को जगह देने के लिए कहा। वह क्या बात थी, जिसके कारण दोनों मैनेजरों पी.सी.चटर्जी और पंकज गुप्ता ने कप्तान को बलबीर सिंह के स्थान पर दूसरे खिलाड़ी को लेने के लिए बाध्य किया, वह भी उनकी इच्छा के विरुद्ध, यह अभी तक रहस्य बना हुआ है।

फिर भी, पूर्णतया एक सज्जन होने के नाते बलबीर सिंह चुपचाप विश्राम कक्ष (ग्रीनरूम) में वापस चले गए। जब दुबारा उन्हें फाइनल के लिए पहले ग्यारह खिलाड़ियों में शामिल किया गया, तब संदेह था कि उन्हें खेलने दिया जाएगा या नहीं। लेकिन अगले मैच में ऐसा कुछ भी नहीं हुआ। मौका मिलते ही उन्होंने सिद्ध

कर दिया कि उनकी खेल–प्रतिभा किसी से कम नहीं है। उनकी हॉकी ने करतब दिखाना शुरू कर दिया। उन्होंने कप्तान किशन लाल और इनसाइड–फॉरवर्ड कँवर दिग्विजय सिंह 'बाबू' से उनकी तरफ भेजी गई गेंद पर कब्जा करके आधा समय समाप्त होने से पहले भारत को 2 गोल की बढ़त दिला दी। इसका नतीजा यह हुआ कि भारत ने हॉकी उस्तादों को 4 गोल से शिकस्त दे दी तथा उन्हें एक भी गोल करने का मौका नहीं दिया।

हॉकी का खेल सामूहिक प्रयास का खेल है, फिर भी उनके जैसे निपुण खिलाड़ियों के प्रदर्शन से लगता है मानो एक ही व्यक्ति खेल रहा हो। उनका खेल–कौशल और खेल पर उनकी पकड़ इतनी जबरदस्त थी कि जिन मैचों में वह नहीं खेले, उन मैचों में भारत एक–ही–एक गोल से जीत हासिल कर पाया। स्वतंत्र भारत के पहले ओलंपिक स्वर्ण पदक ने खेल–प्रतियोगिता से पूर्व के सभी संदेहों को मिटा दिया। देश–विभाजन हो या प्रतिभा–पलायन, भारत हमेशा की तरह अजेय बना रहा। इस विजय ने भारत को एक पहचान दी, गौरव दिलाया और आगे अनेक सफलताओं का मार्ग प्रशस्त किया।

बलबीर सिंह को अत्यधिक प्रशंसा मिली, लेकिन वह उससे प्रभावित नहीं हुए और न ही उनमें अहंकार की भावना आई। इसके बजाय, उन्हें और भी ऊँचाइयों तक पहुँचने की प्रेरणा मिली। अगले ओलंपिक खेलों के दौरान उन्हें वह मौका भी मिल गया। सन् 1952 में हेलसिंकी में बलबीर सिंह की खुशी का ठिकाना नहीं रहा। राष्ट्रीय चैंपियनशिप मुकाबलों में उनका गोल बटोरने का सिलसिला बदस्तूर जारी रहा, तत्पश्चात् अफगानिस्तान के दौरे के सभी मैच जीतने में उनका बड़ा हाथ रहा, जिसके फलस्वरूप उन्हें चहुँदिश प्रसिद्धि प्राप्त हुई। लंदन ओलंपिक्स के विपरीत, हेलसिंकी के लिए भारत की मुहिम को कोई खास सामाजिक–राजनीतिक महत्त्व नहीं दिया जा सका, क्योंकि सन् 1948 में भारत अपनी क्षमता पहले ही सिद्ध कर चुका था। फिर भी, प्रतिष्ठा दाँव पर लगी हुई थी और भारत को खिताब बचाना था। जिस देश के लिए किसी अन्य खेल में कोई संभावना नहीं थी, उसके लिए हॉकी ही एकमात्र खेल था, जो लाखों–करोड़ों खेल–प्रेमियों की आकांक्षाओं को पूरा कर सकता था। वास्तव में यह बहुत भारी जिम्मेदारी थी।

एक अनभ्यस्त योजना ने हेलसिंकी में प्रमुख टीमों के लिए एक अलग प्रकार की समस्या खड़ी कर दी। सेमीफाइनल के लिए चुनी गई अन्य तीन टीमों की तरह भारत को सीधे ही क्वार्टर फाइनल में प्रवेश दे दिया गया। इसका मतलब था कि उन्हें केवल तीन मैच खेलने का मौका दिया गया था, सभी नॉकआउट मुकाबले, सभी

खतरनाक और ठीक होने या उपचार के लिए कोई समय नहीं। अतः गोल करने के लिए फॉरवर्ड खिलाड़ियों पर जबरदस्त दबाव था, ताकि किसी भी अवस्था में लड़खड़ाने से बचा जा सके।

उद्घाटन समारोह में भारतीय दल के ध्वज-वाहक के रूप में बलबीर सिंह को यह मालूम था। वह इसी भूमिका के लिए बने थे, लेकिन वह उत्तेजित भी थे, क्योंकि कुछ सनकी लोगों को उनकी दक्षता पर संदेह था। पर उनकी टीम उस वर्ष अखिल भारतीय पुलिस खेल-प्रतियोगिता और राष्ट्रीय चैंपियनशिप दोनों हार चुकी थी। ऑस्ट्रिया के विरुद्ध पहला मैच भारत ने कड़ी मेहनत से 4-0 से जीत लिया था, लेकिन यह आनेवाले घटनाक्रम का कोई संकेत नहीं था। वह गेंद को एक ही बार गोल में भेज सके। लगता है, टीम प्रबंधक वर्ग ने उन्हें काफी डाँट-फटकार लगाई थी, जिसका असर उनके बाद के प्रदर्शनों पर साफ नजर आया।

केशव दत्त के साथ बलबीर सिंह

खेल के महारथी ग्रेट ब्रिटेन के विरुद्ध बलबीर सिंह अपने ही दम पर आए। भारत ने जो 3 गोल किए, वे गेंद के बारे में उनकी असाधारण समझ-बूझ, कलात्मक लेकिन सीमित ड्रिबल और पहले टच में ही स्कोर करनेवाले शॉट लगाने से आए थे। उन्होंने अपने चौथे ओलंपिक में ही हैट-ट्रिक बनाई और दो बार के स्वर्ण पदक विजेता ब्रिटेन के खिलाफ केवल दो मैचों में 5 गोल दागकर उन्होंने यह साबित कर दिखाया कि वह उस मिट्टी के बने हैं जिससे चैंपियन निकलते हैं।

इसने फाइनल में पहुँची हॉलैंड की टीम को सतर्क कर दिया। हमेशा बचाव में रहनेवाली उस टीम ने खतरनाक खिलाड़ी बलबीर सिंह को रोक रखने के लिए दो प्रतिरक्षक लगा दिए। इससे भड़क उठे बलबीर सिंह ने अपनी ही शैली में जवाब दिया। उन्होंने पार्श्व खिलाड़ी (विंगर्स) राजगोपाल और रघुबीर लाल की मदद से प्रतिरक्षा घेराबंदी को तोड़ते हुए अकेले ही ताबड़तोड़ 5 गोल मार दिए। उनके शानदार प्रदर्शन के फलस्वरूप भारत ने 6-1 से यादगार जीत हासिल की और लगातार पाँचवाँ ओलंपिक स्वर्ण पदक प्राप्त किया। इसमें एक हैट-ट्रिक और खेले गए पाँच मैचों में से तीन में जीत प्राप्त करना शामिल था—एक ऐसा रिकॉर्ड, जो आज तक टूटा नहीं है।

बहुत से लोग वृत्त के अंदर बलवीर सिंह के खेल-कौशल की तुलना महान् खिलाड़ी ध्यान चंद के साथ करते हैं। उनकी बराबरी के खिलाड़ी केशव दत्त के अनुसार, ''वृत्त अर्थात् घेरे के अंदर गेंद बलबीर सिंह के पास हो तो समझो, बचाव पक्ष को लकवा मार गया।'' पंजाब हॉकी संगठन उनके बिना किसी टीम को मैदान में नहीं उतारेगा। उसे मैच खेलने से शायद ही कभी फुरसत मिले। चाहे कुछ भी हो जाए—स्वास्थ्य को लेकर यकायक कोई परेशानी हो, बुखार हो या घरेलू बाध्यताएँ हों, बलबीर सिंह को टीम में रहना ही पड़ता था। पदाधिकारी उनके घर जाते और उन्हें खेलने के लिए विवश करते। हर बार वह उनकी बात मान लेते और फिर खेल के चमत्कारक

1975 का विश्व कप जीतनेवाली टीम के कोच जी.एस. बोधी के साथ मैनेजर बलबीर सिंह

परिणाम सामने आते।

मेलबोर्न में 12वें ओलंपियाड में बलबीर सिंह के हाथ की हड्डी टूट गई। आरंभिक मैच में अफगानिस्तान के खिलाफ पाँच गोल मारने के बाद जब उसने पीछे दाहिनी ओर से आती तेज गेंद को बीच में रोकने की कोशिश की तो उनकी उँगलियाँ गेंद के चपेट में आ गईं। इस चोट के कारण अगले मैचों में उनके खेल पाने की संभावना समाप्त हो गई। भारतीय टीम का प्रबंधक-वर्ग घबरा गया। बलबीर सिंह को स्वयं अपने भाग्य पर पश्चात्ताप हुआ। सन् 1948 में किसी शरारत ने उन्हें दो मैचों से बाहर रखा, आठ साल बाद दुर्भाग्य उनके आड़े आ गया और वह किसी भी मैच में हिस्सा नहीं ले पाए। संयुक्त राज्य अमेरिका और सिंगापुर के विरुद्ध खेले गए मैचों में वह केवल दर्शक बने रहे। इस बीच उनकी चोट को बहुत गुप्त रखा गया। उनको अपना जख्मी हाथ हमेशा ढँककर रखने की सलाह दी गई। इसका एक कारण भी था। उन दिनों वही मुख्य खिलाड़ी थे, जिनसे गोल की उम्मीद की जा सकती थी। वास्तव में दो वर्ष पहले, जब भारतीय टीम मलेशिया के दौरे पर गई थी, तब उन्होंने 16 मैचों में 121 में से 83 गोल किए थे और एक वर्ष बाद न्यूजीलैंड- ऑस्ट्रेलिया के दौरा कार्यक्रम के अंतर्गत खेले गए 38 मैचों में उन्होंने टीम के 203 गोल में से 141 गोल खुद बटोरे थे। इसीलिए विरोधी टीम ने उन्हें रोक रखने के लिए दो प्रतिरक्षक खिलाड़ी तैनात किए थे। यदि उनकी चोट की खबर फैल जाती तो उनके विरोधियों का आत्म-विश्वास इसके मुकाबले कई गुना बढ़ जाता, जितना कि ऊधम सिंह को उसका स्थान लेते देखकर बढ़ा था। ऐसी थी उनकी प्रतिष्ठा कि घायल हो जाने के बावजूद अपने दल का मनोबल बढ़ाने में उनकी अहम भूमिका रहती थी।

जर्मनी के खिलाफ सेमीफाइनल में वही हुआ जिसकी संभावना थी। दर्दनाशक दवाओं के सहारे मैदान में उतरे बलबीर सिंह को दो प्रतिरक्षकों ने घेर लिया। इसके परिणामस्वरूप ऊधम को गेंद गोल की तरफ ले जाने का काफी खुला स्थान मिल गया। बाद में उनके एकमात्र गोल ने भारत को जीत दिला दी। फाइनल मैच में भी, जो दो प्रतिभाशाली पड़ोसी देशों के बीच सबसे पहला मुकाबला था—पाकिस्तान ने दो प्रतिरक्षक उन पर छोड़ दिए, जिसके फलस्वरूप अगली पंक्ति के दूसरे खिलाड़ियों पर दबाव कम हो गया। सोचिए, अगर बलबीर सिंह गोल करने की स्थिति में होते तो विरोधी टीमों की क्या दशा हुई होती! लेकिन ऐसा तो होना नहीं था। इस मैच में रंधीर सिंह जेंटल ने एक पेनल्टी कॉर्नर को गोल में बदलकर भारत को निरंतर छठा स्वर्ण दिला दिया। बलबीर सिंह ने बाद में याद करते हुए कहा, ''एक तरफ तो मैं दर्द के मारे बेचैन था, दूसरी तरफ जीत की खुशी से फूला नहीं समा रहा था। मैं मैच

जीतने की खुशी में अपना दर्द भूल गया। अब अगर मेरे दोनों हाथ भी न रहे होते, तब भी मुझे कोई गम नहीं होता।''

उनका ओलंपिक के बाद का जीवन भी विविधतापूर्ण था। उन्होंने पंजाब पुलिस की नौकरी छोड़कर पंजाब सरकार के खेल विभाग का नेतृत्व सँभाल लिया। उन्होंने अनेक नवीन और यथार्थवादी योजनाएँ बनाईं और उन्हें इस उद्‌देश्य से लागू किया कि खेल-कूद के क्षेत्र में पंजाब देश का सबसे मजबूत प्रदेश बन सके। इस दौर में उन्होंने कभी राष्ट्रीय कोच, कभी चयनकर्ता और कभी प्रबंधक की भूमिका निभाई। यहाँ इस बात का उल्लेख आवश्यक है कि प्रबंधक की हैसियत से उनके कार्यकाल के दौरान ही भारत ने सन् 1975 में अपना एकमात्र विश्व कप जीता। इस सफलता के बाद उत्साह से भरपूर बलबीर सिंह ने अपनी आत्मकथा 'द गोल्डन हैट-ट्रिक : माइ हॉकी डेज' लिखी। भारत सरकार ने जब सन् 1957 में पहला नागरिक पुरस्कार 'पद्‌मश्री' आरंभ किया तो उसे पानेवाले वह पहले व्यक्ति थे, जो वास्तव में उसके हकदार भी थे। आजकल बलबीर सिंह अपने पुत्र के साथ कनाडा में रहते हैं।

□

भारत की विश्व कप (1975) विजेता टीम; फिल्मी सितारों के साथ मनोरंजक हॉकी खेलते हुए।

असीम सहन-शक्ति

भारतीय हॉकी के आरंभिक दिनों में आंग्ल-भारतीयों का ही परिश्रम था, जिन्होंने ऐसे मानदंड निर्धारित किए, जिनका अनुसरण बाद के खिलाड़ियों को करना था। इस खेल ने भारतीयों के दिलों में इतनी गहरी जड़ें नहीं जमाई होतीं और इसका इतना व्यापक प्रसार भी नहीं हुआ होता, यदि भारत को उनके अथाह उत्साह और खेल को हर तरह से परिपूर्ण बनाने की उनकी दृढ़ भावना का लाभ शुरू में प्राप्त नहीं हुआ होता। सन् 1920 के दशक से लेकर सन् 1950 के दशक तक खेलों के विकास में उनका योगदान उनकी कुल जनसंख्या की दृष्टि से अद्वितीय कहा जा सकता है—40 करोड़ की आबादीवाले देश में उनकी जनसंख्या मात्र 10 लाख के आस़-पास रही होगी।

कलकत्ता सीमा-शुल्क विभाग, वन-विभाग (रेंजर्स), बंगाल-नागपुर रेलवे, जवेरियन, उत्तर-पश्चिमी रेलवे और बंबई सीमा-शुल्क विभाग की सफल टीमें, जो विश्व की सबसे बड़ी प्रतियोगिता—बैटन कप—के लिए भारतीय मैचों में प्रथम आने के लिए खेला करती थीं। उन टीमों में अधिकतर खिलाड़ी आंग्ल-भारतीय समुदाय से होते थे और कुछेक अन्य प्रांतों से। उनसे प्रेरित होकर मूल भारतीयों ने इस खेल को अपनाया और सन् 1920 के दशक में उनकी गिनती राष्ट्रीय स्तर के खेलों में होने लगी।

जब अंतरराष्ट्रीय स्तर पर, अर्थात् सन् 1928 के एम्सटर्डम ओलंपिक खेलों में भारत का प्रतिनिधित्व करनेवाली पहली टीम की घोषणा की गई तो यह कोई आश्चर्य की बात नहीं थी कि उस टीम में नौ आंग्ल-भारतीय थे। सन् 1932 में लॉस

एंजिलिस में आयोजित ओलंपिक खेलों में गई भारतीय टीम में तीन और ऐतिहासिक बर्लिन टीम में आठ आंग्ल-भारतीय थे। इसके अलावा उनमें से अधिकतर खेल में हिस्सा लेनेवाले ग्यारह खिलाड़ियों में शामिल थे।

ध्यान चंद युग (1928-1932) के दिग्गज खिलाड़ियों में से अनेक आंग्ल-भारतीय थे। यह उस समय की बात है जब अंतरराष्ट्रीय स्तर की कोई सबसे मजबूत टीम भी भारत को हराने की बात सपने में भी नहीं सोच सकती थी। उनमें से कुछ के नाम इस प्रकार हैं—अदम्य साहसी गोलरक्षक रिचर्ड जे. एलन, पेनल्टी कॉर्नर स्पेशलिस्ट सी. टैपसेल, बीचोबीच रहनेवाले खिलाड़ी जे. गैलीबर्डी, एरिक पेन्निगर और अग्रवर्ती (फॉरवर्ड) खिलाड़ी डिक कार, सीमैन, फैंक वेल्स, पैट जानसन तथा मार्टिन। खेल में उनके योगदान को भुलाया नहीं जा सकता। उनकी योग्यता को हैंपस्टेड हॉकी क्लब, लंदन के इतिहासकार जेरेमी पौटर से बेहतर कौन चित्रित कर सकता था। 'इन प्रेज ऑफ हॉकी' शीर्षक से एक लेख में उन्होंने यह टिप्पणी की—'एक ऐसा रक्त-मिश्रण, जो किसी कारण से विश्व में सर्वोत्तम हॉकी खिलाड़ियों को जन्म देता है।'

किंतु इन खिलाड़ियों द्वारा निभाई गई भूमिका के बावजूद राजनीति ने उन्हें नहीं छोड़ा। एरिक पेन्निगर, जो पंजाब (पाकिस्तान में आज का लाहौर शहर) से थे और सबसे बड़े सेंटर-हॉफ खिलाड़ी थे, तब कप्तानी से वंचित रह गए जब राजनीतिक दबदबे के कारण नियुक्त लाल शाह बोखारी ने उनका स्थान ले लिया। जिस खिलाड़ी ने सन् 1928 में एम्सटर्डम ओलंपिक खेलों में नामजद कप्तान जयपाल सिंह की गैर-हाजिरी में देश का नेतृत्व किया और वहाँ भारत को सबसे पहला स्वर्ण पदक दिलाया, उसके लिए यह बड़ी निराशाजनक स्थिति थी।

राइट-हाफ के प्रतिभाशाली खिलाड़ी लेजली क्लॉडियस ने उस समय भी आंग्ल-भारतीय विरासत को बनाए रखा, जब भारत की स्वतंत्रता के पश्चात् अनेक आंग्ल-भारतीय देश छोड़कर चले गए थे। वह एकमात्र आंग्ल-भारतीय थे, जिन्हें सन् 1960 के रोम ओलंपिक खेलों में भारतीय टीम की कप्तानी करने का सम्मान प्राप्त हुआ। यह मामूली-सा मध्य-क्षेत्ररक्षक भी हॉकी-जगत् के इतिहास में, सन् 1948 से 1960 तक, चार ओलंपिक खेलों में हिस्सा लेनेवाला पहला खिलाड़ी बना। इस महान् खिलाड़ी के जीवन की यह तीसरी विशिष्टता भी कम गौरव की बात नहीं थी कि उसने सौ अंतरराष्ट्रीय मैचों में हिस्सा लेनेवाले पहले खिलाड़ी होने का सम्मान प्राप्त किया।

विश्वास करना कठिन है कि क्लॉडियस, जिन्हें हॉकी में कोई दिलचस्पी नहीं

लेजली क्लॉडियस : चार ओलंपिक में भाग लेनेवाले पहले भारतीय हॉकी खिलाड़ी।

लेजली वाल्टर क्लॉडियस
जन्म : 25 मार्च, 1927
स्थान : बिलासपुर, मध्य प्रदेश

ओलंपिक्स :
1948 (लंदन)
1952 (हेलसिंकी)
1956 (मेलबोर्न)
1960 (रोम)

थी, कभी ओलंपिक खिलाड़ी बन जाएँगे। लड़कपन में उसे फुटबाल को धुन सवार थी, इसीलिए उनका एक बिलकुल ही अलग प्रकार के खेल में उच्चतम स्तर का खिलाड़ी बनना, काल्पनिक कथा जैसा लगता है। खेल-जगत् में इस तरह की अनेक कहानियाँ हैं। यहाँ तक कि ध्यान चंद ने भी अपने जीवन की शुरुआत एक पहलवान के रूप में की थी, जबकि सन् 1950 के दशक के एक अन्य प्रतिभावान् खिलाड़ी केशव दत्त को आरंभ में बैडमिंटन खेलने का शौक था। लेकिन लेजली क्लॉडियस का फुटबॉल-प्रेम उन दोनों के 'अन्य' खेल में दिलचस्पी से कहीं ज्यादा मजबूत था। लेजली को सारे खेलों में सबसे अधिक रुचि फुटबॉल में थी, लेकिन जब उसमें रुचि कम हो गई तो हॉकी उनका पसंदीदा खेल बन गया। उनकी कहानी ग्रेट ब्रिटेन के कर्ली की कहानी से काफी मिलती-जुलती है, जिसने 14 ओलंपिक मैचों में 15 गोल करने का कीर्तिमान स्थापित किया। वह भी पहले फुटबॉल का शौकीन था। वह मैकिल्सफील्ड बॉयज क्लब का एक मेधावी खिलाड़ी बन गया था, किंतु तभी न जाने क्यों उनकी माँ ने उसे उसके सबसे पसंदीदा खेल में भाग लेने से सख्ती से मना कर दिया। लेजली के मामले में उनकी माँ का कोई हस्तक्षेप नहीं था; यह सिर्फ संयोग ही था कि उनके हाथों में हॉकी थमा दी गई। सन् 1946 में सत्रहवर्षीय लेजली खड़गपुर में उस समय की दो दमदार टीमों, अर्थात् बंगाल-नागपुर रेलवे की 'ए' और 'बी' टीमों के बीच अभ्यास मैच देखने के लिए चले गए। वे बैटन कप प्रतियोगिता के लिए टीम तैयार कर रहे थे। एक टीम में एक खिलाड़ी कम पड़ रहा था। उस टीम के कप्तान डिकी कार ने पास में ही खड़े हुए क्लॉडियस को ग्यारहवाँ खिलाड़ी बनने के लिए कहकर उन्हें चौंका दिया। डिकी कार सन् 1936-बर्लिन ओलंपिक टीम के सदस्य रह चुके थे। वह कुछ सोच पाते, इससे पहले ही क्लॉडियस के हाथों में हॉकी पकड़ा दी गई और उन्हें केंद्र में अपनी जगह लेने के लिए कहा गया। उनके पास कोई विकल्प नहीं था। उनका कहना है कि तब उन्हें इतना ही पता था कि बॉल को रोकना है और उसे धकियाकर अपने से आगेवाले खिलाड़ी तक पहुँचाना है। फिर भी वह इस बात का श्रेय अपनी प्रच्छन्न प्रतिभा और फुटबॉल के कड़े मुकाबलों में लेफ्ट-हाफ के रूप में खेलने के अनुभव को देते हैं, जिसके कारण वह हॉकी के मैदान में टिक सके और उनकी कोशिश को देखकर डिकी कार ने उन्हें अगले ही दिन से शुरू परीक्षण सत्र में शामिल होने का आदेश दिया।

एक पखवाड़े के अंदर डिकी कार ने एक अंतिम टीम बना ली, जिसमें लैंबी डेविड जैसे अनुभवी खिलाड़ी के स्थान पर उन्हें रखा गया। अपने जीवन (कॅरियर) के आरंभ में ही पहले दरजे की घरेलू टीम में ले लिया जाना उनके लिए वास्तव में

ध्यान चंद की प्रतिमा को नमन करते क्लॉडियस

बहुत बड़ी उपलब्धि थी। उस नगर में हाल ही में आकर बसे, क्लॉडियस के लिए यह क्षण उनकी उम्मीद से भी अधिक महत्त्वपूर्ण तो था, लेकिन उनकी खुशी उतनी नहीं थी। बंगाल-नागपुर रेलवे (बी.एन.आर) में टैपसेल, नैलीबार्डी जैसे मँझे हुए और सन् 1936 के ओलंपिक खेलों में भेजी गई टीम के खिलाड़ी शामिल थे। उन्होंने उनको प्रेरित तो किया ही, उनकी मदद भी की, ताकि वह अपनी तकनीक में वांछित सुधार ला सकें। टीम बैटन कप के फाइनल तक तो पहुँच गई, लेकिन वहाँ कलकत्ता के पोर्ट कमिश्नरों की टीम के आगे लड़खड़ा गई। फिर भी उन्होंने बहुत कुछ सीखा और उनका आत्मविश्वास बढ़ गया। पहली बार किसी टीम में शामिल होकर फाइनल तक पहुँच जाना उन्हें सपने जैसा लगा और उन्होंने गर्वित महसूस किया। इस अप्रत्याशित सफलता ने उन्हें एक दुविधा में भी डाल दिया—उन्हें फुटबॉल और हॉकी में से एक को चुनना था। उन्होंने हॉकी को चुना, हालाँकि फुटबॉल की तुलना में हॉकी अभी भी उनके लिए एक अनजाना-सा क्षेत्र था। परिवर्तन आसान नहीं था; उसमें समय भी लगा और वेदना भी हुई।

क्लॉडियस का जन्म 25 मार्च, 1927 को बिलासपुर, मध्य प्रदेश में नौ बच्चोंवाले एक परिवार में हुआ था। वह बचपन से ही फुटबॉल के पीछे दीवाने थे। उन दिनों रेलवे कॉलोनियों में खेल-कूद का अच्छा माहौल था, जिससे उनका जोश बहुत बढ़ गया। वह अकसर स्कूल से अनुपस्थित रहकर रेलवे के नौकरों, बावर्चियों और कुलियों के साथ फुटबॉल खेला करते थे। दूसरे साथियों की भी कोई कमी नहीं थी, क्योंकि वह शहर फुटबॉल खेलने का बेहद शौकीन था। उनके सौभाग्य से, सन् 1945 में रेलवे और आर्मी की पहल पर एक 'लीग' की शुरुआत की गई। उन्होंने लीग में यूरोपियन संस्था का प्रतिनिधित्व किया। बाद में उन्हें खड़गपुर में बंगाल-नागपुर रेलवेज में नियुक्ति के लिए एक परीक्षण में हिस्सा लेने हेतु चुन लिया गया। खड़गपुर में विश्व का सबसे लंबा प्लेटफॉर्म है, जिसके लिए वह प्रसिद्ध है।

खड़गपुर तक की लंबी यात्रा लाभदायक साबित हुई, क्योंकि उनका चयन बड़ी आसानी से हो गया और उन्हें प्रतिष्ठापूर्ण भारतीय फुटबॉल एसोसिएशन शील्ड टूर्नामेंट में संस्थागत टीम में तत्काल अपना कार्यभार सँभालने के लिए कहा गया। लगभग इसी समय की बात है जब डिकी कार की घूमती दृष्टि उन पर पड़ी।

ओलंपिक खेलों का आकर्षण क्लॉडियस को हमेशा अचंभित करता था। ओलंपिक्स में खेलने की उनकी ज्वलंत इच्छा थी और यही कारण था कि अंत में वह हॉकी की तरफ खिंचते चले गए। सन् 1946 और 1947 के बीच वह असमंजस में थे और दो घोड़ों पर सवार थे। एक तरफ वह प्रथम श्रेणी के फुटबॉल मैच खेलते थे और दूसरी तरफ अपनी संस्था के लिए हॉकी खेल रहे थे। भारत के भ्रमण पर आई एक जूनियर यूरोपियन फुटबॉल टीम के विरुद्ध खेलने के लिए जब उन्हें जूनियर इंडिया के वास्ते चुना गया तो इस बात से वह कुछ समय तक उलझन में रहे, लेकिन वह उलझन ज्यादा देर नहीं रही; क्योंकि लंदन ओलंपिक्स के लिए अब सिर्फ एक वर्ष का समय रह गया था। उन्होंने अपने मन में निश्चय कर लिया और बड़े भारी मन से फुटबॉल को अलविदा कह दिया। उन्होंने रेलवे की नौकरी भी छोड़ दी और पोर्ट कमिश्नर के विभाग में आ गए; क्योंकि इस टीम का अड्डा कलकत्ता में था, जहाँ उन्हें इससे अधिक मजबूत टीम कलकत्ता लीग में खेलने का मौका मिल सकता था।

ओलंपिक तक पहुँचने का एकमात्र रास्ता था—घरेलू प्रतियोगिताओं के जरिए उत्कृष्टता हासिल करना। सन् 1948 में आगा खाँ टूर्नामेंट में उनकी टीम को प्रवेश मिल जाने से क्लॉडियस को मनचाहा मौका मिल गया। उनकी खेल-क्षमताओं के आरंभिक संकेत यहीं सामने आए। उस प्रतियोगिता में इस नवागत खिलाड़ी का प्रदर्शन इतना शानदार था कि एक समाचार-पत्र ने तो उन्हें 'सेंटर-हाफ का सच्चा बादशाह' घोषित कर दिया। उनकी आक्रामक शैली ने हर किसी को चौंका दिया, और एक बार तो ऐसा हुआ कि प्रतिरक्षक ने ही मैदानी गोल दाग दिया। चौहत्तर वर्ष के होने जा रहे क्लॉडियस गोल की उस घटना और उससे संबंधित सारी बातों को इस तरह याद करते हैं जैसे वह सब कल ही की बात हो! चार ओलंपिक खेल लेने के बाद भी वह इस टूर्नामेंट में अपने प्रदर्शन को अपने जीवन का सर्वश्रेष्ठ खेल-प्रदर्शन मानते हैं, ठीक वैसे ही जैसे ध्यान चंद के लिए उनके क्लब 'झाँसी हीरोज' का बैटन कप जीतना उनके जीवन की सबसे बड़ी उपलब्धि थी, उन तीनों ओलंपिक खेलों से भी बड़ी, जिनके कारण उन्हें विश्व-प्रसिद्धि प्राप्त हुई।

बंबई की सफलता ने उन्हें लोक प्रसिद्धि दिलाई। इसी समय के दौरान उनकी टीम ने कलकत्ता लीग जीत ली। इन सफलताओं ने उनके लिए आगे का रास्ता और साफ कर दिया। ओलंपिक चयन से पहले आखिरी मैच बैटन कप के लिए था,

जिसके कारण सभी चयनकर्ता वहाँ उपस्थित थे। लेकिन वह विपदा भी तभी आनी थी। एक ओर तो पोर्ट कमिश्नर टीम सेमीफाइनल से आगे नहीं जा पाई, दूसरी ओर ओलंपिक में जाने की अभिलाषा रखनेवाले इस खिलाड़ी ने एक प्रहार को रोकने के चक्कर में अपनी उँगलियों में चोट लगवा ली। लेकिन क्लॉडियस ने आशा की डोर नहीं छोड़ी। उन्हें परीक्षण के लिए बुलाया गया, लेकिन टूटी उँगलियों पर अभी तक प्लास्टर चढ़ा होने की वजह से वह एक भी परीक्षण मैच नहीं खेल सके। जब परीक्षण मैचों में से केवल एक मैच बाकी रह गया, तब क्लॉडियस को महसूस हुआ कि उसे भी छोड़ देने का मतलब होगा—ओलंपिक से बाहर हो जाना। उन्होंने तुरंत प्लास्टर हटा दिए और मैदान में उतर गए। उन्होंने अपनी सारी हताशा मैदान पर निकाल दी और उसे एक शानदार खेल में बदल दिया। लेकिन वह 15 मिनट से ज्यादा नहीं खेल सके—दर्द बहुत बढ़ गया था। क्लॉडियस निराश हो गए, क्योंकि वह नहीं जानते थे कि जीवटता दिखाना या संकल्प-शक्ति का प्रदर्शन ही चयनकर्ताओं की स्वीकृति पाने के लिए काफी होता है। ध्यान चंद को बिना किसी परीक्षण के ही ओलंपिक्स के लिए चुन लिया गया था और इस छोटे उस्ताद का चयन केवल 15 मिनट के प्रदर्शन के आधार पर ही हो गया।

खेलना शुरू करने के दो वर्ष के अंदर ही वह ओलंपिक स्तर के खिलाड़ी बन गए, जो किसी भी खिलाड़ी का सपना होता है। लंदन में बारह वर्ष के अंतराल के बाद होनेवाले ओलंपिक खेलों में भारत ने हॉकी में अपना प्रभुत्व बनाए रखा। अपने गले में पड़ा चमकदार स्वर्ण पदक देखकर क्लॉडियस बहुत खुश थे, हालाँकि उन्हें इस बात का खेद था कि वह एक ही मैच में खेल पाए। उनके लंबे खेल-जीवन में वही एक अवसर था जब उन्हें मंच नसीब हुआ। उन्होंने तीन और ओलंपिक आयोजनों में भाग लिया और वह विश्व में 100 अंतरराष्ट्रीय मैचों में हिस्सा लेनेवाले पहले खिलाड़ी बने।

उनकी सफलता और उनकी दीर्घ-आयु का क्या रहस्य है ? इसके कई कारण हो सकते हैं—पहला कारण है उनकी आक्रामक प्रतिभा; दूसरा, उनका कठोर परिश्रम, जिससे उनकी तकनीक में पूरा निखार आया; तीसरा कारण है स्वास्थ्य का पूरा ध्यान रखना, और अंत में—स्वाभाविक चतुराई। खेलते समय वह गेंद को कभी भी अपने कब्जे से नहीं निकलने देते और जीत की आशा भी नहीं छोड़ते थे। वह भड़कदार व आक्रामक थे और एक मध्य क्षेत्ररक्षक होने के बावजूद वह अकसर प्रहार-वृत्त के अंदर भी दिखाई पड़ते थे। जब कभी किसी को अड़ंगी लग जाती थी, वह तुरंत बचाव में आगे आ जाते। अकसर ऐसा भी हुआ कि गोलरक्षक के पिट जाने

के बाद भी उन्होंने गोल बचा लिया।

अशोक कुमार, 1975 विश्व कप के हीरो, क्लॉडियस की ख्याति का श्रेय उनके 'कभी न छोड़ें खेत' वाले दृढ़ स्वभाव को देते हैं। ''हम 1980 वाले दशक के उत्तरार्ध में पाकिस्तान के खिलाफ एक कड़ी टेस्ट शृंखला में खेल रहे थे। वह मैनेजर थे। वह उस टेस्ट शृंखला में हमारी जीत के लिए बहुत उत्सुक थे और उकसाते रहते थे। वह कभी भी हारना नहीं चाहते थे।'' वह हमेशा ही खेल को अच्छी तरह सीखने-समझने के पक्ष में रहे। वह चाहे मैदान पर हो या मैदान के बाहर, वह हर बात पर पैनी नजर रखते, अच्छे खिलाड़ियों की तकनीक का अध्ययन करते, उन पहलुओं का पता लगाते जिनके कारण वे महान् खिलाड़ी बने, और फिर घर जाकर अकेले ही घंटों तक प्रैक्टिस करते रहते। उन्हें तब तक चैन नहीं मिलता था जब तक वह उन खिलाड़ियों की उन्नत तकनीक को अपनी शैली में ढालने में सफल न हो जाते। उनके हँसमुख स्वभाव और आज्ञाकारी व्यवहार ने उन्हें अपने वरिष्ठ खिलाड़ियों का चहेता बना दिया था, जो अपने खेल-चातुर्य की विशेषताएँ उन्हें सिखाने के लिए हर समय तैयार रहते थे।

क्लॉडियस के खेल-जीवन में कोई अवकाश नहीं होता था। उनके लिए अस्थायी छँटनी (ले-ऑफ) का मतलब था—स्वास्थ्य के प्रति लापरवाह हो जाना। फुटबॉल और बैडमिंटन दोनों खेलों में वह प्रवीण थे और इन खेलों में उनकी दिलचस्पी उन्हें न केवल चुस्त-दुरुस्त बनाए रखती थी बल्कि उन्हें ऊबने भी नहीं देती थी। मैदान पर उतरने के साथ ही वह अपनी नैसर्गिक समझ-बूझ से विरोधी टीम और अपनी टीम के सदस्यों की खेल में एक-दूसरे को मात देने की योजना का विश्लेषण कर लेते थे। उनकी बुद्धि इतनी तेज थी कि अकसर यह कहा जाता था कि 'उनकी हॉकी का कोई तार उनके दिमाग से जुड़ा हुआ है।'

सन् 1948 में आयोजित ओलंपिक खेलों के बाद, क्लॉडियस अंतरराष्ट्रीय खेलों में भाग लेनेवाली सभी भारतीय टीमों के स्थायी सदस्य बन गए थे—उन्होंने भारतीय टीम के साथ सन् 1952 के ओलंपिक्स में भाग लिया, फिर उसी साल पूर्व अफ्रीकी देशों का दौरा किया। सन् 1954 में मलेशिया, सन् 1955 में न्यूजीलैंड तथा ऑस्ट्रेलिया का दौरा किया, मेलबोर्न ओलंपिक्स में भाग लिया, सन् 1958 में एशियाई खेलों में हिस्सा लिया और सन् 1959 में यूरोप की यात्रा की। उन्होंने सन् 1959 में यूरोप के दौरे पर गई भारतीय टीम का पहली बार नेतृत्व किया। इस टीम के कोच ध्यान चंद थे।

भारत ने वहाँ 19 मैच खेले, जिनमें से 15 मैच जीते, 3 मैच ड्रॉ रहे और एक

मैच में भारत को शिकस्त मिली। अगले साल उन्हें ओलंपिक के लिए चुनी गई टीम का कप्तान बना दिया गया। खेल को समर्पित उनकी सेवा का यह उचित पुरस्कार था।

सन् 1960 के रोम ओलंपिक्स ने भारत को संशय की स्थिति में डाल दिया, क्योंकि वहाँ भारत का मुकाबला मुख्य विरोधी पाकिस्तान से होना था, जो सन् 1958 में एशियाई खेलों में स्वर्ण-पदक जीतकर अपने बुलंद हौसलों का सबूत दे चुके थे और हॉकी में भारत की सर्वश्रेष्ठता के लिए चुनौती बन गए थे। जिस देश ने उस समय तक एक भी ओलंपिक मैच नहीं हारा था—30 मैचों में विजय पाने का कीर्तिमान स्थापित किया था—वह देश जब फाइनल में ठीक तरह नहीं खेला तो आलोचकों और भारत का बुरा चाहनेवालों की बात सही साबित हो गई। क्लॉडियस बुरी तरह टूट गए। उन्होंने इस पराजय को अपने जीवन का सबसे दुःखद अध्याय माना। उन्होंने कहा, "पाकिस्तान ने जल्दी एक गोल कर दिया। उस गोल ने हमारा आत्म-विश्वास डिगा दिया। उसके बाद हम कभी उबर नहीं पाए। हमें बराबरी करने के मौके तो मिले, लेकिन हम अपने खेल को ऊपर नहीं उठा सके। यदि हम भी एक गोल करके बराबरी पर आ जाते तो मैच जीत गए होते।"

पाकिस्तान के हाथों मिली हार ने उनके खेल-जीवन की कमाई को उलटकर रख दिया। क्लॉडियस ने उस समय तक जितने भी मैचों में पहला-पहला प्रदर्शन किया था, उन सभी में अकेले दम पर टीम को आश्चर्यजनक ढंग से जीत दिलाने के लिए खूब नाम कमा लिया था। टीम में उनके शामिल होते ही पोर्ट कमिश्नर ने कलकत्ता लीग जीत ली। उसे छोड़कर जब वह सीमा-शुल्क (कस्टम्स) की टीम में चले गए, तो कस्टम्स की टीम ने ग्यारह वर्ष के अंतराल के बाद कलकत्ता लीग को मैदान में पछाड़ दिया। इसी तरह सन् 1948 के ओलंपिक खेलों में भी उनके शानदार प्रदर्शन के कारण भारतीय टीम को सफलता मिली। लेकिन ओलंपिक में पहली बार कप्तानी का ताज पहनना उन्हें रास नहीं आया और वह बहुत मायूस हो गए। रोम ओलंपिक में मिली पराजय को भारत में राष्ट्रीय हार माना गया और उसकी भीषण प्रतिक्रिया हुई। उनका लब्धप्रतिष्ठ अंतरराष्ट्रीय खेल-जीवन इस मोड़ पर आकर समाप्त हो गया। फिर भी, वह राष्ट्रीय चैंपियनशिप खेलों तथा अन्य विभिन्न घरेलू मैचों में बंगाल की ओर से हिस्सा लेते रहे। इसी दौर में उन्होंने 'बैटन कप' जीता, जो हमेशा उसके हाथों में आते-आते रह जाता था। सन् 1965 में कस्टम्स की जीत के साथ ही उन्होंने प्रथम श्रेणी के मैचों से संन्यास ले लिया।

क्लॉडियस को सन् 1971 में भारत सरकार के प्रतिष्ठापूर्ण नागरिक सम्मान

'पद्मश्री' से अलंकृत किया गया। यह सम्मान पानेवाले वह छठे हॉकी खिलाड़ी थे। उनके पुत्र बॉबी ने भी, अपनी असमय मृत्यु से पहले, कुछ समय तक हॉकी में देश का प्रतिनिधित्व किया।

□

सन् 1948 ओलंपिक की हॉकी टीम, जिसमें लेजली क्लॉडियस एकदम बाएँ बैठे दिख रहे हैं। ओलंपिक टीम में यह उनका पहला शानदार प्रदर्शन था।

शंकर लक्ष्मण

अद्वितीय

स्थान—तोक्यो; वर्ष 1964; दिनांक 23 अक्तूबर और अवसर ओलंपिक हॉकी फाइनल। चैंपियनशिप का ताज बचाने के लिए पाकिस्तान का मुकाबला सात बार के विजेता भारत के साथ होने जा रहा है। वातावरण तनावग्रस्त है और एक-एक क्षण के साथ मैच अधिक रोमांचक होता जा रहा है। आरंभ में जिस्मानी ताकत की नुमाइश के बाद मैच में जबरदस्त खेल-कौशल देखने को मिलता है। दोनों टीमें एक-दूसरे पर हावी होने, गोल करने या अपने खिलाफ गोल बचाने में जुट जाती हैं। इस दमदार टक्कर में आधा समय बीत जाता है और स्कोर बोर्ड सूना रहता है। दुबारा खेल शुरू होने के पाँच मिनट के अंदर ही भारत को एक गोल करने में सफलता मिल जाती है। पेनल्टी कॉर्नर से लगाए गए शॉट को मोहिंदर लाल अपनी हॉकी पर लेकर एक झटके में गेंद को पाकिस्तान के छोटे कद के गोलरक्षक अब्दुल हामिद के ऊपर से गोल में पहुँचा देते हैं।

इससे पाकिस्तान के पेट में आग लग जाती है। फिर क्या था, दोनों टीमों के अगली पंक्ति के खिलाड़ी गेंद को आगे ले जाने की पुरजोर कोशिश में जुटे रहते हैं। दोनों टीमें एक-दूसरे पर एक के बाद एक प्रहार करती हैं। उत्कृष्ट आक्रामक खेल-प्रदर्शन दर्शकों को सकते में डाले रखता है। अगले 20 मिनट तक गेंद एक पाले से दूसरे पाले में ही आती-जाती रहती है। भारत एक गोल से आगे रहने की अपर्याप्त सफलता को अभी भी पकड़े हुए है। जब खेल समाप्त होने में केवल 10 मिनट रह जाते हैं, पाकिस्तान बौखला जाता है। इस बौखलाहट को लेकर पाकिस्तानी टीम के तेज-तर्रार अग्रवर्ती खिलाड़ी मोहम्मद अफजल के नेतृत्व में द्रुत गति से आगे बढ़ते

शंकर लक्ष्मण

जन्म : 4 अगस्त, 1933

स्थान : महू, मध्य प्रदेश

निधन : 29 अप्रैल, 2006

ओलंपिक्स

1956 (मेलबोर्न)

1960 (रोम)

1964 (तोक्यो)

हैं। हमारे दो शेर (सिंह)—गुरबक्श और प्रितपाल—एक गोल बचाते हैं, लेकिन बहुत सारे पेनल्टी कॉर्नर दे बैठते हैं। जब-जब विस्मयकारी खिलाड़ी मुनीर दरुन त्वरित शॉट लगाता, भारतीय गोलरक्षक मौके की नजाकत देखकर मुस्तैदी से अपना काम करता। वह तेजी से आती गेंद को टाँग पर झेलकर परे कर देता है, या हॉकी के प्रहार से उसकी दिशा बदल देता है। वह हमेशा गेंद के आड़े आ जाता है—यह बात डार जैसे खिलाड़ी को हैरानी में डाल देती है, जिसने पहलेवाले मैचों में पाँच गोल किए थे और जिसकी दृष्टि व आत्मविश्वास विरोधियों के जोश को एकदम ठंडा कर सकता है। लेकिन लगता कि उस दिन उसके व्यक्तित्व का जादू कुछ ज्यादा असर नहीं कर पाया। शांत और सौम्य गोलरक्षक अपनी पैनी नजर, एकाग्रता और पूर्वानुमान का उपयोग करते हुए, प्रचंड-से-प्रचंड प्रहारों को भी नाकाम कर

शंकर लक्ष्मण (दोनों हाथ उठाए हुए) के लिए दूसरा ओलंपिक स्वर्ण पदक, तोक्यो ओलंपिक्स

देता है। डार के जोरदार धक्कों और अफजल के गोल की ओर बढ़ते कदमों को गोलरक्षक की शांत-संयत दीवार आगे जाने से रोक देती। परिणाम यह होता है कि पाकिस्तान बराबरी का गोल नहीं कर पाता है और जब अंतिम सीटी बजती है, भारत के गौरव की पुन: प्रतिष्ठा हो जाती है।

खेल के मैदान में विजेता टीम के सभी सदस्य सफेद-नीली जर्सी पहने, उत्साह से भरे दौड़कर वृत्त में जाते हैं और जोश में गोलरक्षक को ऊपर उठा लेते हैं। सन् 1964 में भारत को कोमज पार्क में हासिल हुआ स्वर्ण वास्तव में गोलरक्षक के धैर्य और संयमित खेल का ही परिणाम था। नाटा और गठीला शंकर लक्ष्मण आज के खेल का हीरो बन जाता है।

एक प्रतिष्ठित पत्रिका 'हॉकी सर्किल' ने लिखा—"पाकिस्तान ने कड़ा संघर्ष किया''लेकिन अनुभवी गोलकीपर ने बड़े शानदार तरीके से पेनल्टी कॉर्नर से मारे गए शॉट को बचा लिया। कुछ और शॉट भी लगे और उन्हें भी बचा लिया गया; लगता था जैसे लक्ष्मण के लिए हॉकी की गेंद गेंद न होकर फुटबॉल बन गई हो। यह उनकी शान और प्रसिद्धि का तीसरा पहर था।"

सच भी है, क्योंकि जीत के हर गोल में कम-से-कम तीन खिलाड़ियों का हाथ होता है—एक वह जो पेनल्टी कॉर्नर प्राप्त करता है, दूसरा वह जो वहाँ से शॉट लगाता है और तीसरा वह खिलाड़ी जो परिणामी पेनल्टी शॉट को आखिरी धक्का देता है। उस दिन शंकर लक्ष्मण की सफलता में उनकी सतर्कता, पूर्वाभास और हिम्मत ने ही उनका साथ दिया। अपनी आत्मकथा 'गोल' में ध्यान चंद सफल गोलरक्षक के लिए सात विशेषताओं को आवश्यक मानते हैं और साहस को सबसे ऊँचा स्थान देते हैं। लक्ष्मण ने इन सभी विशेषताओं का सबूत दिया। तीस वर्ष बाद, द्रुतगामी सेंटर फॉरवर्ड हरबिंदर सिंह (जिसने तोक्यो में अपने पहले तीन ओलंपिक खेले थे) जोश के साथ याद करते हुए कहते हैं, "हर कोई तोक्यो ओलंपिक्स को उस गोल की खातिर याद करता है, जो मोहिंदर लाल ने अंतिम मैच में किया था। लेकिन मैं समझता हूँ कि असली हीरो शंकर लक्ष्मण थे। उनका गोल-रक्षण कमाल का था। अंतिम दस-पंद्रह मिनट के खेल के दौरान, जब पाकिस्तान को कई पेनल्टी कॉर्नर मिले और पाँच से छह तक उलट-वार हुए, वह अविजेय रहे। ध्यान रहे, उन दिनों वक्ष-कवच और हेलमेट नहीं होते थे, सिर्फ पैड होते थे और हॉकी।" हरबिंदर का कथन उल्लेखनीय है, क्योंकि वह जानते थे कि भारत को अपना स्वर्ण पदक बचाने के लिए वास्तव में कितना कड़ा संघर्ष करना पड़ा। पहले अर्ध-विराम में वह

तब करीब पाँच मिनट तक नेट के पीछे खड़े थे जब शंकर लक्ष्मण को लगी हलकी सी चोट का उपचार किया जा रहा था।

एशियाई खेलों में भारत का नेतृत्व करनेवाले अकेले गोलकीपर, उनकी टीम ने बैंकॉक (1966) में पहला एशियाई खेल खिताब जीता। चित्र में शंकर लक्ष्मण विजय मंच पर खड़े हैं। एशियन गेम्स में दूसरा स्वर्ण पदक जीतने में भारत को बत्तीस वर्ष का समय लगा।

वास्तव में, लक्ष्मण को इस प्रतियोगिता में एक बात सिद्ध करनी थी। एशियाई खेलों के बाद, दो वर्ष पहले, आलोचक हाथों में चाकू लेकर उनका गला काटने पर तुले हुए थे। जकार्ता में दोनों पराजित टीमें—भारत और पाकिस्तान—निर्णायक दौर में पहुँच गई थीं और अंतिम मैच में दोनों में से कोई टीम गोल नहीं कर सकी। मैच हार-जीत के बिना समाप्त हो गया। अगले दिन दुबारा खेले गए मैच में पाकिस्तान 2-0 से विजयी रहा। भारत के सामने एक समस्या खड़ी हो गई थी, क्योंकि भारत का सेंटर-हाफ चरनजीत सिंह, जिसने सन् 1964 के ओलंपिक्स का नेतृत्व किया था, मैच के आरंभ में ही घायल हो गया। अत: भारत को पाकिस्तान के ग्यारह खिलाड़ियों के विरुद्ध दस खिलाड़ियों को लेकर ही वह महत्त्वपूर्ण मैच खेलना पड़ा। तथापि, भारत जैसे देश को खिताब से कम कुछ भी मंजूर नहीं था, क्योंकि एक यही खेल था जिसमें भारत को सम्मान प्राप्त होता रहा था। अत: कुछ पर गाज गिरना लाजिमी था।

हार का सबसे ज्यादा दोष लक्ष्मण के सिर मढ़ा गया, जिन्होंने फाइनल में गौरव को बनाए रखा। यहाँ तक कि इंग्लैंड में टेस्ट क्रिकेट खिलाड़ी, जॉन जेमसन के पिता मैनेजर जेमी जेमसन ने भी जख्म पर नमक छिड़कने का काम किया। उन्होंने अपनी रिपोर्ट में लिखा—"इस फाइनल में प्रदर्शन को देखकर मैं जोरदार सिफारिश करूँगा कि इनमें से कुछ खिलाड़ियों को भविष्य में किन्हीं अंतरराष्ट्रीय मैचों के लिए टीम में शामिल नहीं किया जाना चाहिए, भले ही वे घरेलू मैचों में कितना भी अच्छा क्यों न खेलते हों। अंतरराष्ट्रीय हॉकी मैचों में उन्हें कड़े मुकाबलों से गुजरना होगा। लक्ष्मण को जो ख्याति मिलनी थी, मिल चुकी। जहाँ तक गोल-रक्षण का सवाल है, उन्होंने कुछ अच्छे बचाव किए, लेकिन जिस ढंग से उन्होंने यह किया, उसमें विवेक से ज्यादा भाग्य ने उनका साथ दिया।" ध्यान चंद ने अपने प्रशिक्षण मैनुअल में लिखा—"गोल-रक्षण एक बेकार का काम है।" इस मामले में यह सही साबित हुआ। उक्त टिप्पणी से लक्ष्मण को अवश्य ही चोट पहुँची, लेकिन उन्होंने इसे सहज में लिया। वास्तव में वह अपने आलोचकों को मुँह बंद करने के लिए और भी कटिबद्ध हो गए। और यह जग-जाहिर है कि उसने तोक्यो में किस तरह अपनी छवि को फिर से सँवारा। यह वही शहर था जिसमें भारत ने छह वर्ष पहले एशियाई खेलों में अपनी सर्वोच्चता पाकिस्तान के हाथों खो दी थी।

तोक्यो लक्ष्मण का तीसरा ओलंपिक था। पिछले दो ओलंपिक्स में भी उनका प्रदर्शन कुछ कम रोमांचक नहीं था। सन् 1956 में मेलबोर्न में आयोजित ओलंपिक्स में रंगनाथन फ्रांसिस (बर्मा से आया शरणार्थी, जो मद्रास में बस गया था) उस खेल का चैंपियन था और अपना तीसरा ओलंपिक्स खेल रहा था। तब उसे विश्व का सर्वश्रेष्ठ गोलकीपर माना जाना था, इसके बावजूद फाइनल के लिए उसे विश्राम दे दिया गया और उसकी जगह तेईसवर्षीय शंकर लक्ष्मण को लेना बेहतर समझा गया, जो अभी अपना पहला ही ओलंपिक खेल रहे थे। चार साल बाद, रोम में, लक्ष्मण के साथ दूसरा गोलकीपर सां. देशमुथु था, जो उनसे छोटा था। यहाँ भी लक्ष्मण फाइनल में खेले। सन् 1964 में आर.ए. क्रिस्टी के साथ वही हुआ, जो देशमुथु के साथ हुआ था। मामूली से घर से आए फौजी खिलाड़ी के लिए यह एक अद्वितीय रिकॉर्ड था। रंगनाथन फ्रांसिस और रिचर्ड एलन ऐसे दो अन्य भारतीय गोलरक्षक थे जिन्होंने तीन ओलंपिक्स खेले; क्योंकि सिर्फ तीन टीमें थीं, इसलिए एलन के लिए सन् 1932 के ओलंपिक्स में कोई फाइनल मैच नहीं था, जबकि फ्रांसिस को अपने तीसरे मैच में लक्ष्मण के लिए बाहर होना पड़ा। इस तरह, भारत में लक्ष्मण ही अकेले गोलकीपर थे जिन्होंने तीन ओलंपिक फाइनल मैचों में खेलने का अपूर्व कीर्तिमान स्थापित किया।

यह सिर्फ मैदान में दिखने की बात नहीं है बल्कि सफलताएँ हासिल करने की भी बात है, जिनकी सराहना एवं प्रशंसा आवश्यक है। तीनों ओलंपिक्स अंतिम मैचों में, मुकाबला उसी प्रतिद्वंद्वी (पाकिस्तान) से था और हार-जीत का फैसला केवल एक गोल से हुआ था। सन् 1956 और 1964 के ओलंपिक्स में कोई भी पाकिस्तानी खिलाड़ी एक भी शॉट लक्ष्मण के आगे नहीं भेज सका, जबकि सन् 1960 में रोम में नसीर बुंदा ऐसा करने में सफल हो गया था। तोक्यो ओलंपिक टीम में, ऊधम सिंह के बाद, शंकर लक्ष्मण ही दूसरे वरिष्ठ खिलाड़ी थे, जो दो ओलंपिक पहले खेल चुके थे। फिर भी, तब तक केवल एक ओलंपिक का अनुभव रखनेवाले चरनजीत सिंह को कप्तान बना दिया गया और लक्ष्मण को उसका डिप्टी, यानी उप-कप्तान। हॉकी जगत् में, केवल अग्रगामी खिलाड़ियों (फॉरवड्र्स) को ही 'जन्मजात' लीडर माना जाता था। सन् 1932 से 1956 तक भारत के ओलंपिक कप्तान इसी उच्च विशिष्ट वर्ग के थे, जब तक कि मध्यक्षेत्र खिलाड़ी, लेजली क्लॉडियस ने सन् 1960 में इस मानसिकता को नहीं तोड़ा। दूसरे, उस समय तक संबंधित अधिकारियों की सोच में यह बात जड़ जमाए बैठी थी कि गोलरक्षकों में नेतृत्व करने की योग्यता नहीं होती है। सन् 1966 में जब शंकर लक्ष्मण को एशियाई खेलों में भारत का नेतृत्व करने का न्यौता दिया गया, तब एक नया इतिहास रचा गया। इस तरह, वह विश्व में अपने देश का नेतृत्व करनेवाले पहले गोलकीपर बन गए। अवसर का साथ निभाते हुए उन्होंने यहाँ भी एशियाई खेलों में उस समय तक का सबसे पहला स्वर्ण पदक जीतकर खेलों के इतिहास में बिलकुल नया अध्याय जोड़ दिया। दुबारा कड़े मुकाबले में भारत ने पाकिस्तान के विरुद्ध फाइनल मैच जीत लिया और विडंबना देखिए कि इस बार भी पाकिस्तान का नेतृत्व मुनीर डार कर रहा था। वास्तव में लक्ष्मण ने एक तरह से डार को दंड दे डाला या यूँ कहें कि हार का बदला ले लिया। एशियाई खेलों में दूसरा स्वर्ण जीतने में भारत को बत्तीस साल लग गए—इस तथ्य को ध्यान में रखते हुए भी उस जीत के महत्त्व को समझा जा सकता है, जो शंकर लक्ष्मण ने भारत को दिलाई थी। संयोगवश सन् 1998 में आयोजित एशियाई खेलों में दुबारा ऐसी सफलता दिलाने और स्वर्ण पदक हासिल करने की जिम्मेदारी भी एक गोलरक्षक आशीष बलाल ने पूरा किया। दृढ़प्रतिज्ञ गोलकीपर ने बैंकॉक खेलों में खिताब के लिए निर्णायक पेनल्टी शूट-आउट में महत्त्वपूर्ण बचाव किए। शंकर लक्ष्मण ने कुल मिलाकर तीन ओलंपिक्स और तीन एशियन गेम्स फाइनल खेले और ये सभी मैच पाकिस्तान के विरुद्ध खेले गए। छह में से चार फाइनल मैचों में उनके रहते विरोधी टीम द्वारा कोई गोल नहीं किया जा सका। बाकी

दो फाइनल मैचों में उन्होंने केवल तीन गोल होने दिए। छह फाइनल मैच और तीन गोल किसी भी गोलकीपर के लिए एक शानदार रिकॉर्ड होना चाहिए। उनके इसी कीर्तिमान के सम्मान-स्वरूप तोक्यो ओलंपिक्स स्वर्ण पदक के बाद उन्हें 'अर्जुन पुरस्कार' मिला और बैंकॉक एशियाई खेलों में स्वर्ण पदक हासिल करने के बाद उन्हें 'पद्मश्री' से अलंकृत किया गया; वह तीन गैर-ओलंपिक कप्तानों में पहले और एकमात्र गोलकीपर थे, जिन्हें ऐसा सम्मान प्राप्त हुआ।

शंकर लक्ष्मण का जन्म 4 जुलाई, 1933 को मध्य प्रदेश के एक छोटे से शहर मऊ के एक बड़े परिवार में हुआ था। छठी कक्षा तक पढ़ने के बाद उन्होंने अपने अत्यधिक प्रिय खेल की खातिर पढ़ाई छोड़ दी। उन्हें राष्ट्रीय खेल-प्रतियोगिता (नेशनल चैंपियनशिप) में भाग लेने का पहला मौका सन् 1955 में मिला; इसका आयोजन बंबई में किया गया था। उसी वर्ष उन्हें वारसा में आयोजित युवक समारोह में देश का प्रतिनिधित्व करने का निमंत्रण मिला।

लक्ष्मण ने 7-राष्ट्र टूर्नामेंट में अपने खिलाफ कोई गोल नहीं होने दिया और भारत ने फाइनल में पोलैंड को 4-0 से हराकर वह टूर्नामेंट जीत लिया। तदुपरांत मेलबोर्न ओलंपिक्स में स्वर्ण पदक जीता और फिर म्यूनिख फेस्टिवल में विजय-पताका लहराई। सन् 1960 के रोम ओलंपिक्स में ही भारत को हार का मुँह देखना पड़ा, अन्यथा अगले सात वर्ष तक भारत की जीत का सिलसिला अबाध रूप से जारी रहा। भारत ने उसी गौरवपूर्ण दौर में 12-राष्ट्र लॉयंस टूर्नामेंट (सन् 1963) जीता, मलेशिया और न्यूजीलैंड (सन् 1964) के विरुद्ध एक टेस्ट शृंखला जीती और 10-राष्ट्रों का हेमबर्ग टूर्नामेंट (सन् 1966) जीता। हेमबर्ग जीत से पहले लक्ष्मण ने राष्ट्रीय चैंपियनशिप जीतकर एक और उपलब्धि हासिल की, जिसे पाने की उन्हें बड़ी लालसा थी। सन् 1966 की पुणे राष्ट्रीय प्रतियोगिता का फाइनल मैच उसकी वीरता के कारण गोल-रहित अनिर्णीत रहा। उन्होंने सन् 1964 के ओलंपिक्स में पेनल्टी स्ट्रोक को गोल में बदलकर राष्ट्रीय प्रसिद्धि पानेवाले विकट खिलाड़ी मोहिंदर लाल के विरुद्ध शानदार प्रदर्शन को दोहराया। लेकिन यहाँ शंकर लक्ष्मण ने उसके बंदूक की गोली जैसे प्रहारों को रोकने के लिए अपने बाएँ तरफ गोता मारा। उस साल रेलवेज और फौज को लाचारी से ट्रॉफी में साझेदारी करनी पड़ी।

शंकर लक्ष्मण के महत्त्व को उनकी गैर-हाजिरी में भी महसूस किया गया। खेल से जब उन्होंने संन्यास ले लिया, उसके बाद कोई भी गोली, यानी गोलकीपर तीन ओलंपिक्स की बाधाओं को पार नहीं कर सका। सन् 1968 के ओलंपिक्स में भारत जब पहली बार सेमीफाइनल में भी नहीं पहुँच पाया, तब भारत की डूबती नैया

का कारण शंकर लक्ष्मण जैसे गोलकीपर की अनुपस्थिति में खोजा जा सकता था। मेक्सिको में आयोजित सन् 1968 के ओलंपिक्स में भारत सेमीफाइनल में ऑस्ट्रेलिया से हार गया। मैच के बारे में भारतीय कप्तान गुरबख्श सिंह का यह कहना था, ''ऑस्ट्रेलिया के विरुद्ध खेलते हुए आखिरी सीटी बजने से पहले कुछ ही मिनट का खेल बाकी रह गया था, जब विरोधी टीम द्वारा भेजा गया पास बाहर की तरफ जा रहा था। प्रितपाल सिंह और मैंने चिल्लाकर गोलकीपर मुनीर सैत को कहा कि वह गेंद को जाने दे। पर उसने हमारी बात सुनने के बजाय गेंद को इधर-उधर करने के लिए बिना सोचे-समझे अपनी हॉकी अड़ा दी और अंपायर ने पेनल्टी कॉर्नर दे दिया, जिसे ग्लेनग्रॉस ने गोल में बदलकर भारत को ओलंपिक इतिहास में पहली बार फाइनल से बाहर कर दिया।'' हो सकता है, मुनीर सैत के बेदाग खेल-जीवन की वह एकमात्र चूक हो, लेकिन देश को उसकी बहुत भारी कीमत चुकानी पड़ी। एक बार रंगनाथन फ्रांसिस ने गोलकीपर की भूमिका को इन शब्दों में प्रस्तुत किया था, ''जैसे शहर की बाहरी दीवार ध्वस्त हो जाने के बाद अंदरूनी किला अभेद्य खड़ा रहता है, उसी तरह एक गोलकीपर अपनी टीम और विनाश के बीच दीवार बनकर अकेला ही खड़ा रहता है।''

भारत के लिए अफसोस की बात है कि लक्ष्मण के बाद ऐसे साहसी खिलाड़ियों की गिनती ज्यादा नहीं है, जो टीम और पराजय के बीच मजबूत दीवार बन सके हों।

□

सन् 1956 ओलंपिक्स की विजेता भारतीय हॉकी टीम—
शंकर लक्ष्मण, बाएँ से तीसरे; बैठे हुए

मोहम्मद शाहिद

कलाबाज

सन् 1980 वाले दशक के आरंभ में भारत और पाकिस्तान दोनों का हॉकी में सिक्का जमा हुआ था और उनका जोश बुलंदी पर था। दोनों को प्राकृतिक घास पर खेलने की आदत थी, और भारत ने अभी-अभी मास्को ओलंपिक्स में कृत्रिम घास पर अपना एकमात्र स्वर्ण जीतकर अपनी छवि को सँवारा था। सन् 1976 में मॉन्ट्रियल ओलंपिक्स में भारत को बड़े दु:खद अनुभव से गुजरना पड़ा था, क्योंकि सर्वोच्चता का ताज पहननेवाली भारतीय टीम वहाँ न तो कोई पदक जीत पाई और न ही अपना स्थान कायम रख सकी; खिसककर सातवें पायदान पर पहुँच जाना बड़े अपमान की बात थी। इसके बाद, जब सिर उठाने का अवसर आया तब मास्को खुशी से फूला नहीं समा रहा था।

पाकिस्तान ने मास्को ओलंपिक्स का बहिष्कार करने में पश्चिम का साथ दिया। जो देश बड़ी मेहनत से अर्जित अपनी प्रतिष्ठा को मॉन्ट्रियल में कायम नहीं रख सका और लुढ़ककर तीसरे पायदान पर पहुँच गया था, उसके लिए चार साल बाद लॉस एंजिलिस में फिर से मिलना लाभदायक साबित हुआ। पदक-तालिका में भारत का नाम भी शामिल हो जाता, लेकिन यह एक बड़ा ही असामान्य-सा नियम था कि पूल में रहनेवाली टीम की स्थिति का निर्धारण करने के लिए यह देखा जाए कि उस टीम ने कुल कितने गोल किए हैं। इस नियम ने भारत को सेमीफाइनल में जगह पाने से वंचित कर दिया।

सन् 1980 और 1990 के वर्षों में भारतीय टीम गुमनामी के अँधेरे में कहीं खो गई। हॉकी जगत् के भूतपूर्व सुलतान ने अपनी पहचान पाने के लिए बहुत

हाथ-पाँव मारे, लेकिन एक भी पदक उसके हाथ नहीं लगा। सन् 1985 में कुआलालंपुर में इसी जगह भारत ने दस साल पहले विश्व कप का खिताब, सुलतान अजलान शाह कप जीता था। वहाँ भारत ने अपने सबसे बड़े प्रतिद्वंद्वी और ओलंपिक स्वर्ण पदक विजेता पाकिस्तान को दाँव-पेच भरे कड़े मुकाबले में मात देकर जीत हासिल की थी।

इसी पृष्ठभूमि को लेकर भारत और पाकिस्तान ने सन् 1986 में फिर से एक टेस्ट श्रृंखला खेलने का फैसला किया। इस श्रृंखला में प्रतिष्ठा दाँव पर थी, क्योंकि चार मैच भारत में खेले जाने थे और बाकी तीन मैच पाकिस्तान में। क्योंकि इस मैच-श्रृंखला को पाँच माह बाद लंदन में होनेवाली विश्व कप प्रतियोगिता के लिए तैयारी के परिप्रेक्ष्य में देखा जा रहा था, अतः इस श्रृंखला को लेकर लोगों के अंदर उस तरह के जोश की लहर दौड़ना स्वाभाविक था, जैसा जोश भारत और पाकिस्तान के बीच हॉकी के किसी भी मुकाबले के प्रति देखने में आता है। एक तरफ पाकिस्तानी कप्तान हसन सरदार था, जिसे लॉस एंजिलिस में 'प्लेयर ऑफ द टूर्नामेंट' घोषित किया गया था और दूसरी ओर था मोहम्मद शाहिद, उसका भारतीय जवाबदार, हॉकी कलाकार, उससे दो-दो हाथ करने के लिए तैयार। वातावरण में असमंजस छाया हुआ था। जिस जगह भी मैच होता था, खचाखच भीड़ होती थी। आयोजक जबरदस्त मुनाफा कमा रहे थे और दर्शकों के लिए एक माह तक चलनेवाली मैच-श्रृंखला खालिस पूरबी हॉकी का रोमांच बनी हुई थी। दोनों उस्तादों का महायुद्ध हर भविष्यवाणी को पार कर रहा था। पूरी श्रृंखला में एक भी क्षण उबासी भरा नहीं था और न ही किसी टीम के लिए कोई विश्राम था। यह टेस्ट श्रृंखला पिछली उन तीन श्रृंखलाओं से भिन्न थी, जब टेस्ट झंडे के तले दोनों की टक्कर हुई थी और भारत को खाली हाथ लौटना पड़ा था; पर इस बार भारत ने चमक चुरा ली। यह कठिन दौरा समाप्त होने के बाद हसन सरदार ने नतीजों के बारे में यह टिप्पणी की, "हम भारत से नहीं हारे, बल्कि शाहिद ने हमें हरा दिया।" निस्संदेह यह सहज-स्वाभाविक शब्द थे, लेकिन सभी सर्वव्यापक सच इसी तरह प्रकट होते हैं। उसके अलावा कोई भी इस सच्चाई को इतनी अच्छी तरह और इतने कम शब्दों में व्यक्त नहीं कर सकता था।

हॉकी के कलाकार शाहिद का खेल-कौशल इतना भड़कीला और चुस्त था कि उनके सामने पाकिस्तान की अनुभवी रक्षा-पंक्ति साधारण-सी लगती थी। जिस टीम ने लॉस एंजिलिस ओलंपिक्स में सभी मैचों में अपने खिलाफ कुल 8 गोल ही होने दिए थे, इस श्रृंखला में उसी टीम ने सामनेवाले को 19 गोल करने का मौका दे

दिया। सन् 2000 तक आयोजित सभी छह शृंखला में ऐसा पहली बार हुआ कि पाकिस्तान ने जितने गोल किए, उनसे ज्यादा गोल करा लिये। वाराणसी में जनमे मोहम्मद शाहिद ने जब-जब एक से अधिक प्रतिरक्षकों को उसे घेरते और रोकते हुए पाया, तब-तब उन्होंने ऐसी कलाकारी दिखाई कि भारत को या तो एक गोल करने का मौका मिल गया, या एक पेनल्टी कॉर्नर भारत को मिला या एक स्ट्रोक उसके पक्ष में आया।

शाहिद को वास्तव में ध्यान चंद या बलबीर सिंह की तरह गोल मारने का प्रशिक्षण नहीं दिया गया था। भारत ने मैदान में खिलाड़ियों की जगह निर्धारित करने में हमेशा कड़ा रुख बनाए रखा। तब, स्वाभाविक ही है कि अंदरूनी रक्षा-पंक्ति के एक अग्रगामी खिलाड़ी की हैसियत से उनकी मुख्य भूमिका सेंटर फॉरवर्ड के लिए ऐसी सुनिश्चित चालें चलना था कि वह गोल कर पाए। अंदर के वृत्त में वह जिस ढंग से खेलते थे, उसे देखकर निश्चयपूर्वक कहा जा सकता था कि उस जैसा शानदार खिलाड़ी किसी दिन स्वत: उस भूमिका में आ जाएगा। विश्वव्यापी संगठन, अंतरराष्ट्रीय हॉकी संघ से जुड़े प्रचार आयोग (मीडिया कमीशन) के तत्कालीन अध्यक्ष (चेयरमैन) फारूक मजहर ने पाँच साल पहले आयोजित बंबई विश्व कप में उनकी खेल-क्षमताओं को पहचानकर ही यह टिप्पणी की थी, "उस दिन से डरें जब शाहिद गेंद को आगे लुढ़कानेवाले खिलाड़ी से उठकर गोल करनेवाले खिलाड़ी की भूमिका में आ जाएँगे।" यह पूर्व कथन उक्त खेल-शृंखला में सच साबित हुआ, विशेषकर हैदराबाद (भारत) में खेले गए तीसरे मैच में। इस मैच में शाहिद ने दो बार गोल किया—एक बार तो अविश्वसनीय उलट प्रहार से और दूसरी बार अपनी पूरी उड़ान भरती हॉकी के मुक्त प्रवाह के फलस्वरूप। उन पर किया गया एक 'फाउल' एक स्ट्रोक में परिणत हुआ और उसके बाद तो हर तरफ शाहिद-ही-शाहिद थे।

विश्वास नहीं होता कि भारतीय टीम ने पाकिस्तान के विरुद्ध इस तरह कर डाले, जैसे कि यह हॉकी न होकर टेनिस का खेल हो। इस मैच के दौरान बनाया गया यह रिकॉर्ड आज तक नहीं टूटा है, हालाँकि दोनों टीमें तब से लेकर आज तक चालीस मैच खेल चुकी हैं। सन् 2000 तक आयोजित छह टेस्ट शृंखलाओं में से इसी एक शृंखला को भारत अपने हक में समेटने में कामयाब हुआ।

भारत-पाक शृंखला खेल के विकास में एक नया मोड़ साबित हुई। इसने दुनिया को दिखा दिया कि हॉकी भी, जिसे विश्व का शौकिया खेल कहकर प्राय: मजाक का विषय बनाया जाता रहा, एक व्यावसायिक रूप धारण कर सकता है। इस खेल को देखने के लिए भारत में, पाकिस्तान में और खाड़ी देशों में स्टेडियम भीड़

से भर गए। भारत–पाक मैचों का आयोजन किसी निष्पक्ष स्थान पर किया जाना एकमात्र चतुर योजना थी और इससे खेल के प्रति आकर्षण कई गुना बढ़ जाता। अफसोस की बात है कि बाद में हॉकी मैचों के आयोजक और प्रशासक इस योजना को कायम नहीं रख सके और सन् 1990 के दशक में तटस्थ मैदानों पर हॉकी मैचों के आयोजन पर पूरी तरह से विराम लग गया। यह भी एक विडंबना है कि इसी योजना को सतर्क क्रिकेट प्राधिकारियों ने अपना लिया और चाहे देर से ही सही, उन्होंने इसे एक बड़ी सफल योजना का रूप दे दिया और आज भी जबरदस्त कमाई कर रहे हैं।

उस योजना की सफलता के फलस्वरूप प्रतिभाशाली पड़ोसियों के बीच संपर्क का सिलसिला तेजी से बढ़ा और जब उन्होंने 16 ओलंपिक स्वर्ण पदक में से 11 स्वर्ण पदक अपने नाम कर लिये तो दुनिया को उनसे ईर्ष्या होने लगी। अगस्त 2000 तक भारत और पाकिस्तान सन् 1956 के मेलबोर्न ओलंपिक्स फाइनल से आरंभ करके सन् 1999 के लाहौर टेस्ट तक चौवालीस वर्षों में 97 बार एक–दूसरे से भिड़े। सन् 1980 और 1988 के बीच, जिस अवधि में शाहिद टीम का मुख्य सहारा बने हुए थे, भारत ने दोनों देशों के बीच अधिकतर मुकाबलों में सफलता पाई। सन् 1984 और 1985 के दौरान भारत ने पाकिस्तान के विरुद्ध एक भी मैच नहीं हारा। हाँ, विवादास्पद ढाका एशिया कप फाइनल अवश्य एक अपवाद रहा, जिसमें पाँच भारतीय खिलाड़ियों को खेल से बाहर कर दिया गया था। अत: यह कोई अचंभे की बात नहीं है कि वह पाकिस्तान के विरुद्ध अत्यंत सफल भारतीय खिलाड़ी साबित हुए। उनका 46 ट्राफियों का रिकॉर्ड हमेशा के लिए कायम रहेगा। यह उनकी कारीगरी और सीमा–पार से उनके समकक्षी हसन सरदार के समर्थन का ही नतीजा था कि प्रशासक झटपट इस बात के लिए तैयार हो गए कि खेल की बेहतरी के लिए खेल को अधिक लोकप्रिय बनाने और अपनी तिजोरियों को भरने के उद्देश्य से भी अधिक–से–अधिक भारत–पाक मैचों की व्यवस्था करना हर तरह से श्रेयस्कर होगा।

एक ओर अदम्य शाहिद और दूसरी ओर उस्ताद हसन सरदार के रहते हॉकी का खेल लोकप्रियता की चोटी पर था। सन् 1984 में भारत को 4 नेशन दुबई टूर्नामेंट में 20,000 डॉलर की पुरस्कार राशि प्राप्त हुई, जो उस समय तब तक का सबसे बड़ा पुरस्कार था। ध्यान चंद ने उस समय तक औपनिवेशिक शासन के अधीन राष्ट्र को खेल-जगत् में पहचान दिलाई, बलबीर सिंह ने उभरती देशज प्रतिभा को मूर्तिमान किया; लेजली क्लॉडियस ने धैर्य एवं सहनशक्ति का अद्वितीय उदाहरण प्रस्तुत करने के साथ-साथ हमारे देश के बहुजातीय स्वरूप की सतत भावना को व्यक्त किया; शंकर लक्ष्मण ने गोलरक्षक की ऐसी श्रेष्ठता का नमूना पेश किया, जो जीत दिलाने में साझेदारी के लिए विख्यात है। तब फिर वह कौन सी भूमिका है, जिसका श्रेय शाहिद को दिया जा सकता है?

उन्हें जानने के लिए उस समय को अधिक अच्छी तरह समझना जरूरी है, जब उन्होंने खेलना शुरू किया। उनके समय में खेल वैसा नहीं था जैसा ध्यान चंद से लेकर लक्ष्मण के दिनों तक हुआ करता था। यह अब मन-बहलाव की क्रीड़ा न रहकर बहुत ही गंभीरता के साथ अपनाया जानेवाला व्यवसाय बन गया था। चैंपियंस ट्रॉफी जैसी अनेक प्रतियोगिताएँ आरंभ हो जाने, बड़ी धनराशि खर्च होने और दाँव पर लगने तथा प्रायोजकों को विज्ञापन हेतु अच्छा अवसर मिलने से खेल की सूरत पूरी तरह बदल गई थी। दूरदर्शन (टेलीविजन) और दूसरे प्रचार माध्यमों द्वारा लोकप्रियता बटोरने के कारण हॉकी का खेल दर्शकों के बीच धीरे-धीरे अपना उचित स्थान प्राप्त करने की कोशिश कर रहा था। यह खेल प्रथानुसार आकर्षक होता जा रहा था और इस योग्य भी कि प्रशासक बाजार में उसकी कीमत वसूलने की संभावनाओं को तलाशें। इन्हीं परिस्थितियों के चलते शाहिद के चतुराई भरे खेल ने लाखों लोगों को हॉकी की ओर आकृष्ट किया। उनका व्यक्तित्व बाजार में खेल की कीमत लगाने का आधार बन गया था।

शाहिद के खेल को शब्दों में बयाँ करना वास्तव में नामुमकिन है। उनकी क्षमताओं का वर्णन शब्दों के दायरे से बाहर है। शाहिद के हाथों में हॉकी जादू की छड़ी बन जाती है; उन्हें खेलते हुए देखकर ही इस बात पर विश्वास किया जा सकता है और जब एक बार देख लेते हैं तो उनका शानदार प्रदर्शन बहुत दिनों तक दिमाग के स्मृति-पटल पर छाया रहता है। बहुत से लोगों को इस पुस्तक में वर्णित महान् हॉकी खिलाड़ियों—ध्यान चंद, बलबीर सिंह, लेजली क्लॉडियस, शंकर लक्ष्मण को देखने का मौका नहीं मिला होगा—शाहिद एक अपवाद हैं। सन् 1980 के दशक में भारतीय हॉकी के अंतरिक्ष में शाहिद जैसे सितारे का प्रकट होना एक अद्भुत घटना थी।

उनके महान् प्रशंसक टॉम आल्टर ने शाहिद के बारे में जो कुछ लिखा, उससे किसी का भी असहमत होना असंभव है। उन्होंने लिखा—''शाहिद एक प्रतिभावान् व्यक्ति हैं, और एक प्रतिभावान् व्यक्ति किसी भी क्षेत्र में हमेशा अपना जलवा बिखेरता है, अपना ही रास्ता बनाता है और हमेशा विशेषज्ञों को भ्रम में डालता है एवं कष्ट पहुँचाता है। और वह अपने समर्थकों तथा प्रशंसकों का हमेशा चहेता बना रहता है।''

सन् 1976 में कृत्रिम घास के मैदान पर मॉण्ट्रियल ओलंपिक हॉकी खेल-प्रतियोगिता के सफल आयोजन के बाद, विशेषज्ञों ने खेल की उस शानदार शैली के लिए आगे महासंकट की भविष्यवाणी कर दी जिस शैली के लिए एशियाई देशों, विशेषकर भारत और पाकिस्तान ने अपना सिक्का जमाया था। लेकिन यदि शाहिद ने हॉकी में अपनी सुंदर एवं बेजोड़ शैली का परिचय न दिया होता तो शायद उनका कथन सच हो जाता। शाहिद ने कृत्रिम घास के मैदानों पर भी सहजता से खेल के उन गुणों का वर्चस्व बनाए रखा जिनके लिए एशियाई देश प्रसिद्ध थे और विश्व भर में प्रशंसा का विषय बने हुए थे। खेल के प्रति यही उनका महान् योगदान है।

उन्होंने अपनी विशिष्ट शैली में खेल के नए मैदान की अपेक्षाओं के अनुरूप स्वयं को ढाल लिया और पूर्वदेशीय शैली के मूलभूत गुणों के साथ कोई समझौता भी नहीं किया। उन्होंने साबित कर दिखाया कि ये अंतर्निहित विशिष्ट गुण या कौशल कल भी उपयोगी थे और आज भी उतने ही उपयोगी हैं जितने ध्यान चंद व फ्रैंक वैल्स के दिनों में थे। उन उस्तादों की तरह शाहिद भी अपनी शैली की व्याख्या नहीं कर सका और न ही निरंतर गोलों में परिणत करनेवाली अपनी विशिष्टताओं का वर्णन कर सके। उनके अनुसार, यह सब उनकी सहज बुद्धि या अंतर्बोध का ही चमत्कार था। वह किसी भी दूसरे महान् खिलाड़ी से बिलकुल अलग नहीं थे।

'80 के दशक में भारतीय हॉकी को दो कारणों से बड़े ही बेचैनी भरे समय से गुजरना पड़ रहा था। पहला कारण यह था कि बंबई विश्व कप जैसी बड़ी एवं महत्त्वपूर्ण प्रतियोगिताओं के मैच अभी भी प्राकृतिक घास पर खेले जा रहे थे। एक ही खेल-प्रतियोगिता में, एक मैच प्राकृतिक घास पर और दूसरा कृत्रिम घास पर खेला जाना कोई असामान्य बात नहीं थी। खिलाड़ियों को उस परिवर्तन के दौर में चुनौती का सामना करने के लिए संघर्ष करना पड़ रहा था और बहुत से खिलाड़ियों को डर था कि वे कहीं अपनी व्यक्तिगत क्षमताओं को न खो बैठें। दूसरा कारण विशेषज्ञों द्वारा व्यक्त किया गया यह विचार था, जो जोर पकड़ रहा था कि खेल का परंपरागत ढंग (उस पिरामिड जैसी प्रणाली की तुलना में, जिसमें खिलाड़ियों को 5-

3-2-1 के क्रम विन्यास में रखा जाता है) कारगर नहीं है। खेल के बारे में कोई राष्ट्रीय नीति न होने के कारण प्रशिक्षकों की मन-मरजी चल रही थी। उनमें से हर कोई अपनी-अपनी दिशा में जा रहा था।

यह एक अनिश्चय का दौर था और जहाँ तक भारत का संबंध है, अनेक ऐसे कारण सामने आए जो खेल के विकास को अवरुद्ध करनेवाले थे। एक उत्कृष्ट खिलाड़ी की भूमिका में शाहिद को भी अपने हिस्से की आलोचना सहनी पड़ी। वास्तव में उनकी ड्रिबलिंग शैली को कृत्रिम घास-मैदान पर हॉकी के लिए अनुपयुक्त माना गया और उनकी इस शैली की आलोचना के कारण ही जब भी भारत कोई मैच हारा, हर बार उन पर उँगली उठाई गई; लेकिन शाहिद ने हमेशा अपनी शैली का बचाव किया। वह अकसर कहा करते, "ड्रिबलिंग की यह प्रतिभा मुझे ईश्वर से वरदान में मिली है। मैं इसे सहज ही करता हूँ—बिना किसी प्रशिक्षण या अभ्यास के। मुझे उसी ढंग से हॉकी खेलने में आनंद आता है।"

लेकिन इस निष्कपट स्वीकरण से यह नहीं समझना चाहिए कि वह अपने खेल-कौशल में वांछित परिवर्तन लाने, नए तरीकों को अपनाने और कृत्रिम घास-मैदान पर अपने प्रदर्शन को बेहतर बनाने के लिए उत्सुक नहीं थे। उन्होंने एक विशेष प्रकार का स्ट्रोक लगाने का एक नया तरीका खोज निकाला। वह तकनीक इस प्रकार थी—सीधे हाथ की पकड़ को अधिकतम नीचे की ओर हॉकी के हत्थे तक ढीला छोड़ दें, गेंद को नीचे-ही-नीचे पीटते हुए तेजी से उछाल दें। गति और प्रदर्शन में वह स्ट्रोक (गेंद पर प्रहार) पुरानी झपट्टामार तकनीक और आज की 'घसीटकर मारने' वाली तकनीक के बीच का कोई तरीका लगता था, जिसका इस्तेमाल पाकिस्तान के सोहेल अब्बास और इंग्लैंड के केलम गाइल्स बहुत करते हैं।

हालाँकि शाहिद को गोल मारने का प्रशिक्षण नहीं दिया गया था, फिर भी खेल की माँग को देखते हुए उन्हें इस भूमिका में कूदना ही पड़ जाता था। तथापि, उनके महत्त्व और उनकी योग्यता को इस हिसाब से नहीं आँका जा सकता है कि उन्होंने कितने गोल किए, जैसे बलबीर सिंह और ध्यान चंद को आँका जाता है। उनकी प्रतिभा और हॉकी में उनके योगदान का सही मूल्यांकन करने के लिए एक बहुआयामी दृष्टिकोण अपनाना जरूरी है। उस दृष्टि से देखें तो उन सभी पेनल्टी कॉर्नर और स्ट्रोकों को हिसाब में लेना होगा, जो उन्होंने प्रत्येक मैच में हासिल किए। फिर भी, निश्चित रूप से यह कहा जा सकता है कि उनकी संख्या काफी थी—मिसाल के तौर पर, सन् 1981 में आयोजित पी.आई.ए. चैंपियंस ट्रॉफी में

32 में से 23। शाहिद ने भारत के खाते में अधिक-से-अधिक गोल दर्ज कराने में जो महत्त्वपूर्ण भूमिका निभाई, कोई भी उसकी अनदेखी नहीं कर सकता है; क्योंकि यह शाहिद ही थे, जिनके द्वारा प्राप्त किए गए पेनल्टी कॉर्नरों को मोहिंदर पाल सिंह जैसे विशिष्ट खिलाड़ी गोल में बदल सके। उनके समय में खेले गए अधिकतर मैचों में गोल संख्या के हिसाब से भारत का पलड़ा हमेशा भारी रहा। शाहिद एक मामले में अवश्य ही भाग्यशाली थे कि उन्हें एम.पी. सिंह जैसे खिलाड़ी का साथ मिला, जो पेनल्टी कॉर्नर से गोल करने में माहिर थे। सन् '90 के दशक के महान् खिलाड़ी धनराज पिल्लै भी शाहिद की तुलना में कुछ कम नहीं थे और उनका खेल-जीवन भी उतना ही शानदार होता, बशर्ते एम.पी. सिंह जैसे किसी खिलाड़ी का साथ मिल गया होता। दुर्भाग्यवश, धनराज के पास केवल परगट सिंह थे, जो वैसे तो कई भूमिकाएँ निभा सकते थे, लेकिन वह नहीं जिसकी उनसे आशा की जाती थी।

शाहिद की कहानी भी रंक से राजा वाली कहानी है। जिस तरह ब्राजील के अनेक महान् फुटबॉल खिलाड़ियों ने अपने खेल-जीवन की शुरुआत रेतीले समुद्र तटों पर फुटबॉल

मोहम्मद शाहिद
जन्म : 14 अप्रैल, 1960
स्थान : वाराणसी, उत्तर प्रदेश

ओलंपिक्स :
1980 (मास्को)
1984 (लॉस एंजिलिस)
1988 (सिओल)

खेलने से की थी, उसी प्रकार शाहिद ने वाराणसी की झोंपड़पट्टी बस्ती में रहते हुए अपने खेल को विकसित किया। उन पतली सँकरी गलियों में वह अपने जैसे और खिलाड़ियों को बुलाते और अपने कुशल हॉकी-संचालन से उन्हें चकित कर देते। इस तरह उन्होंने भीड़भरी रक्षा-पंक्ति को चीरते हुए निकल जाने की कला में महारत हासिल की। उन्होंने गेंद को बहुत नीचे जमीन से लगाकर हर तरफ स्ट्रोक लगाने की जो कला विकसित की, उसका श्रेय यशस्वी क्रिकेट खिलाड़ी सुनील मनोहर गावस्कर प्रायः उनके उन आरंभिक दिनों को देते हैं जब वह अपने शॉट्स (गेंद पर मार) को इस डर से बहुत नीचे रखते थे कि सँकरी गलियों में दोनों ओर स्थित मकानों की खिड़कियों-दरवाजों के शीशे गेंद लगने से कहीं टूट न जाएँ। किसी भी कार्यक्षेत्र में विशेष हस्त-कौशल या दक्षता हमेशा ऐसी ही विषम एवं घोर परिस्थितियों के अंतर्गत जन्म लेती है। हॉकी के खेल में शाहिद का हुनर या कलात्मक प्रदर्शन उसी का एक अद्वितीय उदाहरण है।

शाहिद का जन्म सन् 1960 में हुआ था; उसी वर्ष भारत ओलंपिक स्वर्ण से हाथ धो बैठा था और उसका आधिपत्य भंग हो गया था। शाहिद ने स्कूल के आरंभिक दिनों से ही हॉकी में बड़ी रुचि लेनी शुरू कर दी थी। लखनऊ स्पोर्ट्स हॉस्टल में प्रवेश पाकर उनको अपने खेल-प्रदर्शन को सजाने-सँवारने का सुनहरा अवसर प्राप्त हुआ और वहाँ रहकर उन्होंने जो कुछ सीखा, उससे उनकी खेल-क्षमताओं में जबरदस्त निखार आया। कुछेक छोटी अंतरराष्ट्रीय खेल-प्रतियोगिताओं में भाग लेने के बाद उन्हें उच्च स्तर के मैच खेलनेवाली टीम में शामिल कर लिया गया; तब उनकी उम्र 19 वर्ष की भी नहीं थी। सन् 1979 के इसांदा विश्व कप ने साबित कर दिया कि एक महान् खिलाड़ी आ पहुँचा है। उसके बाद चैंपियंस ट्रॉफी की बारी आई। उक्त प्रतियोगिता का यह बीसवाँ आयोजन अभी अपने आरंभिक दौर में ही था, जब शाहिद को कराची, पाकिस्तान में विश्व के सर्वश्रेष्ठ खिलाड़ियों के साथ दो-दो हाथ करने का मौका मिला। फिर मास्को ओलंपिक्स से एकदम पहले मलेशिया में चतुष्कोणीय टूर्नामेंट का आयोजन हुआ। वहाँ स्पेन को बहुत ही कम अंतर, अर्थात् 4-3 से मात देकर स्वर्ण हासिल करनेवाली भारतीय टीम में वह सबसे कम उम्र के खिलाड़ी थे। भारत जब 3-3 की बराबरी पर काफी देर तक अटका रहा, तब भारत को विजय दिलानेवाला गोल शाहिद ने दागा। एम.के. कौशिक, जिन्होंने तीसरा भारतीय गोल किया, शाहिद की भारी प्रशंसा करते हुए कहते हैं, "तब वह बहुत युवा थे, चुस्ती-फुरती और जोश से भरे हुए थे। गेंद को पीछेवाले खिलाड़ी की ओर बढ़ाने में वह पूरी तरह दक्ष थे और उनकी इस दक्षता का परिणाम था कि सेंटर

फॉरवर्ड खिलाड़ी सुरिंदर सिंह सोंधी सबसे ज्यादा गोल कर सके। वह दौड़ते-दौड़ते जो झपाटेदार शॉट (फ्लिक शॉट) लगाते थे, वे देखने के काबिल होते थे। बीस साल के बाद भी उनका छरहरा बदन और जिस तरह से उन्होंने बहुत से पेनल्टी कॉर्नर बनाए, वह सारा नजारा आज भी मेरी याददाश्त में हमेशा की तरह ताजा है।''

मास्को ओलंपिक कप्तान वी. भास्करन के साथ

हॉकी-जगत् में तेजी से उभरती नई शक्ति रूस की टीम सन् 1981 में एक महीने के यूरोप के दौरे पर जाने से पहले भारत दौरे पर आई। इस खेल-कार्यक्रम की अवधि के दौरान अत्यावश्यक आत्म-विश्वास प्राप्त करने के बाद शाहिद ने संकेत दे दिए थे कि वह आगे क्या करनेवाले हैं। यद्यपि उन्होंने बाद के समय में असीम प्रतिभा का परिचय दिया, फिर भी उनकी प्रतिभा तभी खुलकर सामने आई और सबने उस पर पूरा ध्यान दिया, जब भारत ने 1981-82 में पहली बार विश्व कप प्रतियोगिता का आयोजन किया।

लेकिन उस वर्ष के उत्तरार्ध में भारतीय हॉकी का सूर्य अस्ताचल की ओर चल पड़ा। एशिया कप और एशियन गेम्स के फाइनल मैचों में भारत को पाकिस्तान के हाथों करारी हार मिली, जिसने भारतीय हॉकी में खलबली मचा दी। भारत उस अपमानजनक हार के सदमे से निकल नहीं पा रहा था। लेकिन स्थिति का सामना तो करना ही था, चुनौतियों को भी भुगतना था और फिर से खड़े होने की प्रक्रिया आरंभ करनी थी। ओलंपिक्स ज्यादा दूर नहीं था। एशियन गेम्स से निपटने के एक पखवाड़े के अंदर ही भारत ने दूरस्थ मेलबोर्न, ऑस्ट्रेलिया में आयोजित इसांदा विश्व कप के फाइनल में पहुँचकर अपनी छवि को डूबने से बचा लिया। यह सच है कि ऑस्ट्रेलिया ने भारत को अंतिम मुकाबले में हरा दिया, लेकिन एक साल के अंदर ही भारत ने शाहिद के चमत्कारिक प्रदर्शन से उत्साहित होकर ऑस्ट्रेलिया को वैसा ही मुँहतोड़ जवाब दे दिया।

रॉयल पार्क, मेलबोर्न में चार मैचों की श्रृंखला के पहले मैच में आधे समय तक बराबरी पर रहने के बाद भारत ने तीन गोल किए और विरोधी टीम को एक भी गोल नहीं करने दिया। हर गोल में शाहिद का हाथ था। शाहिद द्वारा अर्जित पेनल्टी कॉर्नरों में से दो को विनीत कुमार ने गोल में बदल दिया। 45वें मिनट में शाहिद ने सीधे ही एक गोल मार दिया और इस तरह पाँच साल में अपने देश को ऑस्ट्रेलिया पर पहली जीत दिलाई। दूसरा मैच भी भारत के पक्ष में रहा, जिसमें शाहिद और विनीत कुमार ने 1-1 गोल करके ऑस्ट्रेलिया को 2-1 से हरा दिया।

इसांदा का इतिहास एम्सटर्डम चैंपियंस ट्रॉफी (सन् 1982) में भी दोहराया गया। यू.एस.एस.आर. को 4-2 से, जर्मनी को 3-2 से और पाकिस्तान को 5-4 से हराकर भारत तीसरे पायदान पर पहुँच गया, जो इस स्पर्धा में भारत के लिए अब तक का सबसे ऊँचा मुकाम था। कतर, कुवैत और दुबई में पाकिस्तान का हिसाब चुकता कर दिया गया। सफलता की उस श्रृंखला में जीत की एक और कड़ी जुड़ गई, जब उसी दौर में भारत ने हॉलैंड को हराया। 4-राष्ट्र बर्लिन खेल-प्रतियोगिता में भारत ने हॉलैंड के साथ कड़े मुकाबले में उसे 2-1 से हराकर अड़ियल डच (हॉलैंड) पर लगातार अपनी तीसरी जीत दर्ज कराई। उसके

कोच ने भारत के हाथों उनकी हार का सिला भारत के चुस्त हॉकी-संचालन को दिया। निस्संदेह, यह शाहिद की प्रशंसा थी, क्योंकि वही इस कला में माहिर थे। इसी प्रतियोगिता में जर्मनी भी इतने ही अंतर से भारत से हार गया। इस प्रकार, पाकिस्तान, हॉलैंड और जर्मनी के खिलाफ लगातार जीत हासिल करने के बाद भारत उस समय सबकी नजरों का निशाना बन गया, जब अप्रैल 1984 में लॉस एंजिलिस ओलंपिक्स आरंभ हुए।

जफर इकबाल के नेतृत्व में भारत ने पहले तीनों मैच जीत लिये। शुरुआती मैच में संयुक्त राज्य अमेरिका 1 के मुकाबले 5 गोल से हारा। शाहिद ने दो पेनल्टी स्ट्रोक हासिल करने के अलावा सीधे ही दो गोल भी किए। अगले दौर में विनीत कुमार ने मलेशिया के विरुद्ध पेनल्टी कॉर्नर की हैट-ट्रिक बनाई और भारत ने 3-1 से मुकाबला जीत लिया। तीसरा मैच स्पेन के विरुद्ध था। यह मैच मास्को ओलंपिक फाइनल जैसा ही था, स्कोर और रोमांच—दोनों के हिसाब से। भारत 2-0 से आगे था, लेकिन विरोधी टीम ने उसे बराबर कर दिया। तदुपरांत शाहिद ने एक प्रशंसनीय मैदानी गोल दागकर भारत का पलड़ा भारी कर दिया और फिर उन्होंने वृत्त के अंदर दाहिनी तरफ के खिलाड़ी मेरविन फर्नांडिस की ओर गेंद बढ़ा दी, जिसने उसे गोल में बदलकर भारत की स्थिति और भी मजबूत कर दी। भारत 4-3 से वह मैच जीत गया।

ऑस्ट्रेलिया ने भारत को 6-0 से करारी मात देकर भारत के छक्के छुड़ा दिए; लेकिन अभी एक मैच खेला जाना बाकी था और उसके साथ सेमीफाइनल में प्रवेश पाने की उम्मीद बनी हुई थी। चार मैचों के बाद जर्मनी और भारत के 6-6 अंक थे, लेकिन जर्मनी का गोल-अंतर (12-4) भारत के गोल-अंतर (14-9) की तुलना में बेहतर था। इसलिए भारत को सेमीफाइनल में पहुँचने के लिए हर हालत में मैच जीतना था, जबकि मैच ड्रॉ होने पर भी जर्मनी की सेहत पर कोई असर नहीं पड़ना था। उस काँटे के मैच में जर्मनी की रक्षा-पंक्ति ने शाहिद और फर्नांडिस को बुरी तरह घेरे रखा और उन्हें मैदानी गोल करने के लिए कोई जगह नहीं दी। हाँ, उन्हें कई पेनल्टी कॉर्नर अवश्य मिले। लेकिन उस दिन शायद भाग्य ही ऐसा था कि विनीत कुमार उनका कोई लाभ नहीं उठा सके और उसके साथ ही भारत की उम्मीदों पर पानी फिर गया। हताश टीम ने पाँचवें स्थान के लिए निर्णायक मैच में सारा गुस्सा उड़ेल दिया और हॉलैंड को 5-2 से पीट डाला—हॉलैंड भारत से इस बुरी तरह पहले कभी नहीं हारा था। सन् '80 और '90 के दशक में ओलंपिक्स के लिए यह सर्वश्रेष्ठ टीम थी, लेकिन जर्मनी के खिलाफ 1 अंक कम रह जाने से भारत की

सच्ची अभिलाषाएँ दिल में ही दबी रह गईं।

अगले ओलंपिक्स कोरिया की राजधानी सिओल में होने थे। उस आयोजन की शुरुआत होने तक यहाँ स्थिति बहुत बदल चुकी थी। प्रशिक्षकों के झुंड-के-झुंड आए, हर किसी ने अपनी-अपनी तरह के खेल की वकालत की, जबकि खिलाड़ी जैसे थे वैसे ही रहे। पाकिस्तान के खिलाफ एक शृंखला की जीत (सन् 1986) और 6-नेशन सुलतान अजलान शाह टूर्नामेंट (सन् 1985) में जीत का कप उठाना शाहिद के लिए बड़े गौरव के दिन थे। भारत सरकार ने उसे 'पद्मश्री' की उपाधि से सम्मानित किया, जो अभी तब मैदान में डटे किसी खिलाड़ी के लिए एक असाधारण प्रतिष्ठा की बात थी। उस समय तक यह सम्मान केवल पाँच हॉकी खिलाड़ियों को दिया गया था, वह भी तब जब उनका खेल-जीवन समाप्त हुए काफी समय बीत चुका था। दुर्भाग्यवश, उसी साल शाहिद की कप्तानी के अंतर्गत भारत को लंदन विश्व कप प्रतियोगिता में बहुत नीचा देखना पड़ा। इसके कई कारण थे। मैचों की समय-सारणी अवैज्ञानिक थी, कृत्रिम घास के मैदान पर खेले जानेवाली यह पहली विश्व कप प्रतियोगिता थी और पाँच वरिष्ठ खिलाड़ियों को ढाका एशिया कप

भारतीय कप्तान धनराज पिल्लै कहते हैं, ''शाहिद मेरे आदर्श हैं।''
शाहिद के कलात्मक खेल को देखकर अनेक युवकों ने हॉकी को अपनाया।

(सन् 1985) के दौरान आक्रामक प्रदर्शन के लिए टीम से बाहर कर दिया गया था। इन सभी बातों का खेल पर असर पड़ा। शाहिद के लब्धप्रतिष्ठ जीवन के लिए यह आसमान से जमीन पर आ गिरने जैसी घटना साबित हुई। हाँ, उन लोगों को जरूर अच्छा लगा होगा, जो उनकी अद्‌भुत उन्नति से चिढ़ते थे, ईर्ष्या करते थे।

उसी समय के आस-पास उसके व्यक्तिगत जीवन में भी एक दुःखद घटना हो गई। उनकी नवजात पुत्री को हृदय की कोई बीमारी थी और उसका ऑपरेशन होना था—इसके लिए काफी धन की जरूरत थी। इस वजह से वह दो अंतरराष्ट्रीय दौरों पर नहीं जा सके और कुछ अभ्यास-शिविर में भी शामिल नहीं हो सके। लंदन विश्व कप के बाद एम.पी. गणेश नामक जिस व्यक्ति ने कोच का काम सँभाला, उसने शाहिद की फिटनेस को लेकर शंका व्यक्त की, जिसके कारण दोनों के बीच मनमुटाव हो गया। शाहिद को सिओल ओलंपिक्स के लिए जानेवाली टीम में भी शामिल नहीं किया जा रहा था, लेकिन लोगों के आवाज उठाने पर उन्हें टीम में लेना ही पड़ा। पूरे टूर्नामेंट में शाहिद खुलकर स्वाभाविक तरीके से नहीं खेल पाए; हताश, मायूस शाहिद अपने अपमान को भुला नहीं सके। जैसा कि लॉस एंजिलिस में हुआ था, चार मैचों के बाद भारत को सेमीफाइनल में पहुँचने के लिए अंततः स्वर्ण पदक विजेता ग्रेट ब्रिटेन के खिलाफ एक ड्रॉ की जरूरत थी। जहाँ भारत को आक्रामक खेल दिखाना चाहिए था, उसके बजाय भारत ने रक्षात्मक खेल का प्रदर्शन किया और 3-0 से मैच हार गया। शाहिद इस मैच में मुश्किल से 15 या 20 मिनट खेले। वह बहुत निराश हो गए और कुछ समय के बाद उन्होंने खेल से संन्यास की घोषणा कर दी।

शाहिद का खेल-जीवन उतना खुशहाल और बुलंदियों भरा नहीं रहा जितना कि ध्यान चंद, बलबीर सिंह, शंकर लक्ष्मण और लेजली क्लॉडियस का था। वह अनेक कारणों का शिकार बने; क्योंकि वह दूसरों के विपरीत ऐसे समय में एक हारने वाली टीम में एक अकेले हीरो थे, जब हॉकी के क्षेत्र में महान् क्रांतिकारी परिवर्तन हो रहे थे। शाहिद उन लोगों के समय के खिलाड़ी थे, जो एशियाई शैली की हॉकी में विश्वास रखते थे और उस शैली को सुदृढ़ करने में उन्होंने जो भूमिका निभाई, वह निस्संदेह उल्लेखनीय है। शाहिद उन लोगों के बीच हमेशा एक उत्कृष्ट उदाहरण बने रहेंगे।

□

बालकृष्ण सिंह
जन्म : 10 मार्च, 1933
स्थान : पटियाला, पंजाब
निधन : 31 दिसंबर, 2004
ओलंपिक्स :
1956 (मेलबोर्न)
1960 (रोम)

सच्चे प्रशिक्षक

बालकृष्ण सिंह के जीवन और उनके व्यावसायिक जीवन के कुछ अद्वितीय पहलू हैं, जो उन्हें अब तक वर्णित पाँचों महान् हॉकी खिलाड़ियों से अलग करते हैं। ये जाने-माने, प्रख्यात खिलाड़ी खेल-जीवन से संन्यास के बाद भी अपने नियोक्ताओं से वेतन पाते रहे; पर उनके विपरीत बालकृष्ण ने एक बिलकुल अलग लेकिन व्यावसायिक और उद्देश्यपूर्ण ढंग से खेल की सेवा करते रहने का निर्णय किया, क्योंकि उनका मानना था कि अभी बहुत सालों का हॉकी अनुभव उनके अंदर बाकी है, जो वह खेल-जगत् को देना चाहेंगे। वे जिस युग में जिए और हॉकी खेले, वे समय भिन्न थे और उनके जीवन की आवश्यकताएँ एक जैसी नहीं थीं। फिर भी, उनकी एक-दूसरे से तुलना करने पर इन महान् व्यक्तियों के जीवन की अनेक रोचक बातें सामने आती हैं।

ध्यान चंद भारतीय सेना से अपनी सेवानिवृत्ति के बाद ही राष्ट्रीय खेल-कूद संस्थान, पटियाला (भारत) के पहले मुख्य कोच यानी प्रशिक्षक बने। बलबीर सिंह पंजाब पुलिस में अपनी नौकरी छोड़कर उसी राज्य में एक दूसरे विभाग में चले गए। लेजली क्लॉडियस भी हॉकी से संन्यास लेने के बाद काफी समय तक कस्टम्स (सीमा-शुल्क) विभाग की सेवा में बने रहे। शंकर लक्ष्मण का जीवन चरित भी कुछ अलग नहीं था; मोहम्मद शाहिद भारतीय रेल की नौकरी में कायम हैं। बेशक इन सभी खिलाड़ियों ने चयनकर्ता, प्रबंधक और कोच के रूप में भी कुछ समय राष्ट्रीय कर्तव्य निभाया, लेकिन उनका मुख्य सहारा उनकी नौकरी थी, जिसका संबंध हमेशा हॉकी से नहीं था। तथापि, जहाँ तक बालकृष्ण का संबंध है, उनके जीवन की

कहानी अलग थी। उन्होंने भारतीय रेल विभाग से उस समय त्याग-पत्र दे दिया जब वह, जहाँ तक खेल का सवाल है, उन्नति के शिखर पर थे। उस नौकरी में रहने की अपेक्षा उन्होंने एन.आई.एस. (नेशनल इंस्टीट्यूट ऑफ स्पोर्ट्स) में कोच बन जाना ज्यादा पसंद किया, जहाँ उन्होंने तीस साल तक सेवा की। उस पद नें एक हॉकी खिलाड़ी के रूप में उनके अत्यंत सफल जीवन को बिलकुल अलग पहचान दी जिसमें उन्हें प्रतिष्ठा, संतुष्टि के साथ-साथ पूरा सम्मान भी मिला।

एक ऐतिहासिक परिप्रेक्ष्य से, इस निरंतरता ने उन्हें एक ऐसी अनोखी गद्दी पर बिठा दिया जहाँ उसे उन सभी पाँचों महान् खिलाड़ियों के संपर्क में बने रहने का मौका मिला, जिनका वर्णन इस पुस्तक में किया गया है—एन.आई.एस. में ध्यान चंद छह साल तक उनके विश्वसनीय परामर्शदाता और गुरु रहे; उन्होंने क्लॉडियस, लक्ष्मण और बलबीर सिंह के साथ खेल में हिस्सा लिया और शाहिद ने जो तीन ओलंपिक्स खेले, उनमें से दो ओलंपिक्स के लिए उन्होंने शाहिद को प्रशिक्षित

भारतीय लड़कियों ने वर्ष 1982 में एशियन गेम्स का पहला स्वर्ण पदक जीता, तब कोच बालकृष्ण सिंह ही थे।

किया। इस तरह, उसके व्यावसायिक जीवन पर दृष्टिपात करने से स्वतंत्र भारत के हॉकी इतिहास के बदलते स्वरूप को देखा जा सकता है।

यह सच है कि उन्होंने केवल दो ओलंपिक्स खेले थे—पहला, सन् 1956 में, और दूसरा, सन् 1960 में; जबकि अन्य पाँचों खिलाड़ियों में से प्रत्येक ने तीन ओलंपिक्स में हिस्सा लिया था। लेकिन इसकी भरपाई उसने दूसरे ढंग से कर दी, क्योंकि विशिष्ट वर्ग में से केवल वही थे, उन्होंने भारतीय टीमों को चार ओलंपिक्स के लिए प्रशिक्षण प्रदान किया। ध्यान चंद ने भी किसी ओलंपिक टीम को प्रशिक्षित नहीं किया था।

बालकृष्ण का जन्म मार्च 1933 में हुआ था। उनका व्यावसायिक जीवन इतना लब्धप्रतिष्ठ न होता, यदि वह एक खेल-प्रेमी परिवार में न पैदा हुए होते और पटियाला जैसे शहर में न पले-बढ़े होते; जहाँ लोग खेल-कूद में बड़ी रुचि रखते हैं। उनके पिता ब्रिगेडियर दलीप सिंह भारतीय सेना की सच्ची परंपराओं के अनुरूप खेल-कूद यानी स्पोर्ट्स में बढ़-चढ़कर हिस्सा लेते थे और वे अपने समय के सबसे बड़े ट्रैक एंड फील्ड एथलीट (धावन-पथ और मैदानी एथलीट) थे। उन्होंने सन् 1924 के पेरिस ओलंपिक्स में हिस्सा लिया था; तब तक इस वैश्विक क्षेत्र में हॉकी का प्रवेश नहीं हुआ था। उनको अगले ओलंपिक्स में भी खेलों में हिस्सा लेते देखा गया—उनकी यह उल्लेखनीय उपलब्धि थी, क्योंकि उन्होंने किसी कोच से कोई प्रशिक्षण नहीं लिया था; हालाँकि उस समय दूसरे अनेक देशों में कोचिंग का रिवाज था। उन्होंने 21 फीट 2 इंच की छलाँग लगाकर आठवाँ स्थान प्राप्त किया।

बालकृष्ण ने अपनी स्कूली शिक्षा पटियाला में पूरी की, जहाँ उनका जन्म हुआ था। उसके पश्चात् उन्होंने ग्रेजुएशन करने के लिए उस समय के मशहूर एफ.सी. कॉलेज, लाहौर में दाखिला ले लिया। उस कॉलेज के पूर्व स्नातक उनके पिता ने बालकृष्ण को अपनी सलाह देकर सही-सही रास्ता दिखाया। उन्होंने कहा, "मुझे स्पोर्ट्स की वजह से इस कॉलेज में सम्मान मिला। तुम भी स्पोर्ट्स में अच्छे निकलना और मेरा नाम ऊँचा बनाए रखना।" उन्होंने अपने पिता के शब्दों को दिल से लगा लिया और उन्हीं की तरह दो बार ओलंपिक होने का सम्मान पाया; यह अलग बात है कि वह खेल दूसरा था जिसमें उन्होंने हिस्सा लिया। लेकिन उससे पहले वह खेल-कूद में अपनी श्रेष्ठता साबित कर चुके थे।

जब वह अभी सोलह वर्ष से कम उम्र के थे, सन् 1949 में उन्होंने उछल-कूद, रोक और छलाँग में पंजाब विश्वविद्यालय का रिकॉर्ड तोड़ दिया और सन्

1950 में वह अंतर-विश्वविद्यालय (इंटर-यूनिवर्सिटी) चैंपियन बन गया। उन्होंने कूद में भी विश्वविद्यालय का रिकॉर्ड तोड़ा। उसी दौरान, सन् 1950 से 1954 तक उन्होंने हॉकी में यूनिवर्सिटी का प्रतिनिधित्व किया। सन् 1954 में उन्हें राष्ट्रीय टीम में शामिल होने का न्यौता मिला। वार्सा, पोलैंड में आयोजित अंतरराष्ट्रीय हॉकी समारोह में उन्हें देश का ध्वज मिला। उसी समय के आस-पास उन्होंने श्रेष्ठ सरकारी विभाग, भारतीय रेल में नौकरी कर ली। वहाँ रहते हुए उन्हें विभिन्न टूर्नामेंटों में भाग लेकर अपनी श्रेष्ठता साबित करने का भरपूर मौका मिला।

शांता राम, मूर्ति एवं स्वरूप सिंह जैसे प्रसिद्ध और मँझे हुए खिलाड़ियों के विरुद्ध कड़ी स्पर्धा के बीच भी युवा बालकृष्ण सन् 1956 की ओलंपिक टीम में अपने लिए जगह बनाने में सफल रहे। एक वर्ष पहले आगा खाँ कप प्रतियोगिता में उसके चमकदार, जोशीले प्रदर्शन ने ओलंपिक में उनके प्रवेश के लिए रास्ता खोल दिया था। मेलबोर्न में उन्होंने अंतिम मैच को छोड़कर सारे मैच खेले। फाइनल में उनकी जगह बक्शीष सिंह को लिया गया। एक लंबे, हट्टे-कट्टे और आत्मविश्वास से भरे खिलाड़ी को देखकर सभी मैचों में विरोधी टीम के अग्र पंक्तिवाले खिलाड़ियों के दिल दहल जाते थे। उनकी शानदार और अचूक चालों को देखकर ऑस्ट्रेलियाई लोग इतने मोहित हो गए कि बाद के वर्षों में तो उन्हें लगभग पूजा जाने लगा।

दो वर्ष बाद तीसरे एशियन गेम्स में उनका प्रदर्शन पूरे निखार पर था। तब तक उन्होंने सन् 1957 और 1958 में बंबई की मजबूत टीम को उसके ही मैदान में दोनों बार शिकस्त देकर रेलवेज को विजेता के मंच पर पहुँचा दिया था। उनकी पाकिस्तान के विरुद्ध खेलने की तमन्ना यहीं पूरी हुई; मेलबोर्न में भारत वह मौका चूक गया था। पाकिस्तान के विरुद्ध उन्होंने अपने जीवन का सर्वश्रेष्ठ मैच खेला। उन्होंने और बक्शीष सिंह ने निर्णायक मैच में पाकिस्तानी फॉरवर्ड खिलाड़ियों के हर स्वच्छंद आक्रमण को नाकाम कर दिया। यह मैच अनिर्णीत रहा क्योंकि कोई भी टीम कोई गोल नहीं कर सकी। फिर भी गोल औसत के आधार पर पाकिस्तान को विजेता घोषित कर दिया गया। राष्ट्रीय चैंपियनशिप में उस बार हैदराबाद में सर्विसेज को हराकर उसकी कप्तानी में एक और जीत का इजाफा हुआ, जिसके फलस्वरूप यह निश्चित हो गया कि सन् 1960 में रोम ओलंपिक्स में जानेवाली टीम के वह निर्विवाद कप्तान होंगे। यहाँ पाकिस्तान फिर बाजी मार ले गया और चैंपियन बन गया। दो बार की हार ने कमउम्र बालकृष्ण की आत्मा को झकझोरकर रख दिया, जिसकी प्रतिध्वनि वह चालीस वर्ष बीत जाने के बाद भी महसूस कर सकते हैं। भारत के लिए आत्मविश्लेषण का समय था। उसी का परिणाम था कि वैज्ञानिक

उस जीत की खुशी में उन्हें कंधों पर उठाए हुए प्रशंसक खिलाड़ी

प्रशिक्षण की आवश्यकता महसूस की गई और राष्ट्रीय खेल–कूद संस्थान की स्थापना करने का विचार पक्का हुआ। उन दिनों के मशहूर हॉकी खिलाड़ियों धरम सिंह, चरणजीत सिंह और चार्ल्स स्टीफन के साथ–साथ बालकृष्ण ने भी एन.आई.एस. में एक वर्ष का प्रशिक्षण प्राप्त किया। मुख्य प्रशिक्षक ध्यान चंद के व्यक्तित्व से प्रेरित होकर पहले बैच के उस सदस्य (पदधारी) ने उक्त प्रशिक्षण पाठ्यक्रम में 93 प्रतिशत अंक प्राप्त कर सबसे ऊँचा दर्जा हासिल किया।

वह रेल विभाग में लौट आए और अपनी संस्था को एक और खिताब दिलवाया, जब उनकी टीम ने हैदराबाद में **सर्विसेज** को परास्त कर दिया; जो टीम अपना चैंपियनशिप का खिताब बचाए रखने के लिए संघर्ष कर रही थी। फिर उन्हें एन.आई.एस. फैकल्टी में शामिल होने का निमंत्रण प्राप्त हुआ। उन्हें अपने जीवन में शायद इसी दिन का इंतजार था। यह पूर्णकालिक नौकरी थी। उन्हें प्रतियोगी हॉकी और नए प्रस्ताव के बीच निर्णय करना था। उन्होंने नए प्रस्ताव के पक्ष में निर्णय लिया। उन्होंने इतना महत्त्वपूर्ण निर्णय लेने में एक पल भी नहीं लगाया, क्योंकि उन्हें उन सब बातों से लगाव हो गया था जो प्रशिक्षण का हिस्सा होती हैं, जैसे कि रणनीति, दाँव–पेच और दिमागी कसरत। उसके साथ ही अंतरराष्ट्रीय हॉकी के साथ उनका सात वर्ष लंबा संताप समाप्त हो गया। उनके जीवन का एक नया अध्याय आरंभ हो गया। नई जिम्मेदारी को उन्होंने इकतीस वर्षों तक निभाया। शीर्षस्थ पद

पर ध्यान चंद के रहते हुए इस जिज्ञासु युवक के लिए अपने हॉकी ज्ञान को बढ़ाने की कोई सीमा नहीं थी। उनकी क्षमताओं से ध्यान चंद इतने प्रभावित थे कि सेवानिवृत्ति से एक वर्ष पहले उनकी गोपनीय रिपोर्ट में उन्होंने लिखा—''मुझे बालकृष्ण की योग्यता में पूरा विश्वास है। वह आज देश में उत्कृष्ट युवा कोच है।'' अधिकारियों के लिए बालकृष्ण को पदोन्नत कर उस गद्दी पर बिठाने के लिए इतना इशारा ही काफी था, जिसे तब तक ध्यान चंद ने सुशोभित किया था। उसी वर्ष सन् 1967 में ऑस्ट्रेलिया की सरकार ने उन्हें अपने देश में विशेष परामर्श प्रदान करने का निमंत्रण भेजा, जिसे उन्होंने एक चुनौती के रूप में सहर्ष स्वीकार कर लिया। ऑस्ट्रेलिया में उन्होंने साढ़े चार महीने बिताए। इस दौरान उन्होंने हर प्रादेशिक राजधानी का लगभग दो सप्ताह का दौरा किया और वहाँ स्कूल के लड़के-लड़कियों तथा प्रशिक्षक बनने की चाह रखनेवालों को भी हॉकी-खेल के बारे में हर तरह की आवश्यक शिक्षा और जानकारी प्रदान की। सांस्कृतिक आदान-प्रदान कार्यक्रम के अंतर्गत की गई उस यात्रा के दौरान उन्होंने वास्तव में भारत के राजदूत की भूमिका निभाई।

उस यात्रा का सारा खर्च रौथमेंस स्पोर्ट्स फाउंडेशन ने उठाया था और उन्हें अन्य सभी खर्चों के अलावा प्रति सप्ताह 400 अमरीकी डॉलर का भुगतान मानदेय के रूप में किया गया, जो उस समय शौकिया स्पोर्ट्स में किसी कोच के लिए एक बड़ी रकम थी। वित्तीय लाभ से ज्यादा उन्हें दिली खुशी तब हुई, जब ऑस्ट्रेलिया के तत्कालीन प्रधानमंत्री मैल्कम फ्रेजर ने उनकी प्रशंसा की; वह स्वयं हॉकी के शौकीन थे और अंपायर रह चुके थे। बाद में जब वह भारत के दौरे पर आए, तब उन्होंने एक सरकारी भोज में भारत के प्रधानमंत्री मोरारजी देसाई का बालकृष्ण जैसे विशेषज्ञ की सेवाएँ उनके देश में हॉकी की उन्नति हेतु उपलब्ध कराने के लिए आभार व्यक्त किया। बालकृष्ण भी सन् 1971 में एक अखिल भारतीय विश्वविद्यालय टीम लेकर ऑस्ट्रेलिया गए। उस टीम में सुरजीत सिंह, बलदेव सिंह, अजीत सिंह, एच.जे.एस. चिमनी, पी.ई. कलैया और वी. भास्करन जैसे जाने-माने खिलाड़ी थे। इस यात्रा के दौरान टीम ने ऑस्ट्रेलिया की अलग-अलग टीमों के साथ आठ मैच खेले। उन्होंने

बालकृष्ण सिंह (बाएँ से दूसरे नंबर पर खड़े) उस समय जब वे अंतर रेलवे चैंपियनशिप की विजेता उत्तर रेलवे टीम का हिस्सा थे।

सारे मैच जीत लिए और 65 गोल किए, अपने ऊपर सिर्फ 6 गोल होने दिए। सन् 1977 में बालकृष्ण ने एक बार और उस देश की यात्रा की। एडिलेड की इस यात्रा का व्यय संघ सरकार के अनुदान से पूरा हुआ और स्कूलों में उसके द्वारा प्रदान किए गए प्रशिक्षण का खर्च दक्षिण अफ्रीका के सेविंग्स बैंक और कोका-कोला ने वहन किया था। इन सभी यात्रा-कार्यक्रमों के दौरान उनके करिश्माई व्यक्तित्व का जबरदस्त प्रभाव पड़ा—जिसमें उनकी शैली, बुद्धिमत्ता और व्यक्तिगत विशेषताओं का अद्भुत संगम था।

बालकृष्ण जैसे विशेषज्ञों द्वारा प्रदान की गई सेवाओं का ही परिणाम था कि दोनों देशों के बीच संबंध दृढ़ से दृढ़तर होते चले गए। '80 के दशक में ऑस्ट्रेलिया में आयोजित इसांदा खेल-प्रतियोगिताओं और '90 दशक में चार-राष्ट्रों के बीच द्विचरणीय प्रतियोगिता में भाग लेने के लिए भारत को नियमित रूप से आमंत्रित किया गया। रिचर्ड चार्ल्सवर्थ के नेतृत्व में महिला टीमों ने भी कई बार भारत का दौरा किया।

इस महाद्वीप तथा विश्व के दूसरे भागों का भ्रमण करने से उनके ज्ञान-भंडार में विश्वव्यापी स्तर पर संवृद्धि हुई। '80 के दशक में प्रसिद्धि प्राप्त खिलाड़ी

वारसा में हँसी-दिल्लगी; बालकृष्ण एक प्रशंसक के साथ पगड़ी बदलकर खड़े हैं।

ऑस्ट्रेलिया के चार्ल्सवर्थ के बारे में बालकृष्ण ने लिखा—"बहुत से लोगों को इस बात की जानकारी नहीं होगी कि जितने भी महत्त्वपूर्ण मुकाबलों में चार्ल्सवर्थ ने अंदरूनी पंक्ति में दाहिने तरफ (इनसाइड-राइट) से खेला, ऑस्ट्रेलिया को हार मिली। मेरा मानना यह है कि यदि वह पाँचवें विश्व कप (बंबई) में अंदर के बाईं तरफ के खिलाड़ी के रूप में खेला होता तो ऑस्ट्रेलिया की टीम ट्रॉफी जीत सकती थी। इसी तरह सन् 1984 के लॉस एंजिलिस ओलंपिक्स और कराची में तीसरी पी.आई.ए. चैंपियंस ट्रॉफी प्रतियोगिता में ऑस्ट्रेलिया का प्रदर्शन बेहतर हो सकता था, यदि वह वृत्त के अंदर बाईं ओर होता। मैं नहीं जानता कि अग्गीस (ऑस्ट्रेलियाई कोच) मेरी बात से सहमत होंगे या नहीं, लेकिन उम्मीद है कि 'हॉकी की नब्ज पहचाननेवाला' मेरी इस 'राय' से अवश्य सहमत होगा।" लंदन में आयोजित छठी विश्व कप प्रतियोगिता में चार्ल्सवर्थ अंदरूनी बाईं ओर से खेले और ऑस्ट्रेलिया ने विश्व कप ट्रॉफी उठा ली।

भारत ने भी उनकी सेवाएँ प्राप्त कीं। पैंतीस वर्ष से कम आयु का होने पर भी उन्होंने मेक्सिको ओलंपिक टीम को प्रशिक्षण दिया, जहाँ भारत ने कांस्य पदक हासिल किया; लेकिन इससे किसी को खुशी नहीं हुई, क्योंकि तब भारत प्रतिरक्षी (डिफेंडिंग) चैंपियन था। बालकृष्ण को इस बात का कोई कारण समझ नहीं आया कि इस टूर्नामेंट में महान् खिलाड़ी प्रितपाल सिंह ने न्यूजीलैंड के खिलाफ पेनल्टी कॉर्नर से जो 5 गोल किए, उन्हें अस्वीकार क्यों किया गया! इस प्रकार की घटनाओं, खेल के नियमों में क्रांतिकारी परिवर्तनों, अंपायरों द्वारा नियमों की उलटी-सीधी व्याख्या और अंतरराष्ट्रीय हॉकी संघ द्वारा नियमों में जल्दी-जल्दी परिवर्तन किए

एसियन इलेवन के कोच के रूप में पाकिस्तानियों का अभिवादन स्वीकार करते बालकृष्ण।

जाने को लेकर बालकृष्ण का मन उद्वेलित था और उन्होंने इन सब बातों पर ईमानदारी से विचार किया। उन्होंने एक बार लिखा—"हॉकी में स्नातकोत्तर अध्ययन करनेवाले मेरे एक विद्यार्थी ने पेनल्टी कॉर्नर पर एक शोध-प्रबंध लिखा और जब तक वह उसे पूरा कर पाते, नियम बदल दिया गया, जिसके कारण उनकी सारी मेहनत निष्फल हो गई।" वह इस बात से अचंभे में थे कि जब दुनिया भर के लोगों के पसंदीदा खेल फुटबॉल के नियमों में चालीस वर्षों में केवल एक परिवर्तन किया गया है तो इस खेल में इतने सारे परिवर्तन या हेर-फेर क्यों किए गए? विश्लेषणात्मक अध्ययन और अनुसंधान के आधार पर उन्होंने खेल को सरल बनाने के उद्देश्य से पेनल्टी कॉर्नर और मारक वृत्त (स्ट्राइकिंग सर्कल) खत्म करने का सुझाव रखा। बहुत से लोग उनसे सहमत नहीं हुए, लेकिन इससे एक बात अवश्य साबित हो गई कि हॉकी के बारे में उनका ज्ञान बहुत व्यापक एवं गहन था।

इसका मतलब यह कतई नहीं है कि वह हठधर्मी थे और नियमों में किसी भी परिवर्तन के खिलाफ थे। उन्होंने पेनल्टी बुली को समाप्त करने और कृत्रिम घास मैदानों की व्यवस्था का स्वागत किया। वह पहले भारतीय कोच थे जिन्होंने मैदान

जमाने की 4-4-2-1 शैली को अपनाया, क्योंकि उनके विचार में कृत्रिम मैदानों के लिए यह व्यवस्था अधिक उपयुक्त थी। उनकी 'कुल हॉकी' की कल्पना, जिसे अपने रक्षात्मक पहलुओं के कारण प्रायः शुद्धतावादियों की आलोचना सहनी पड़ी, आज के प्रशिक्षकों के लिए मार्गदर्शन का उदाहरण बन गई है। उन्होंने अद्वितीय भारतीय विशेषताओं को जिस तरह 'कुल हॉकी' की संकल्पना में रूपांतरित किया, उसके कारण '80 के दशक में उन्हें अनेक प्रशस्ति-पत्र मिले और उनकी योग्यता, उत्साह और बदलते परिवेश के अनुरूप स्थिति को ढालने की तत्परता का प्रमाण मिला। व्यक्तिगत शैली और प्रतिभा का पक्का समर्थक होने के नाते ही वह मोहम्मद शाहिद, मेरविन फर्नांडिस और अन्य खिलाड़ियों से उत्कृष्ट प्रदर्शन की उम्मीद कर सके; क्योंकि व्यक्तिगत शैली और चातुर्य के बिना भारतीय हॉकी को उस तरह की प्रसिद्धि नहीं मिल सकती थी जैसी प्रसिद्धि उसे हासिल हुई। उन्होंने एक बार कहा था, ''फ्लोरिस बावलेंडर के बिना हॉलैंड और शाहबाज अहमद के बिना पाकिस्तान उस सेना की तरह होगा जिसका कोई सेनापति न हो।'' उनका मानना था कि व्यक्तिगत प्रयास सोच-समझकर किए गए अभ्यासों का परिणाम होते हैं और उन यांत्रिक अभ्यासों से काफी आगे होते हैं, जो तौर-तरीके प्रशिक्षकों द्वारा प्रशिक्षण-सत्रों के दौरान सिखाए जाते हैं।

रणनीति संबंधी कुशाग्र बुद्धि और व्यक्तिगत प्रतिभा के बीच जिस सहक्रिया को उन्होंने 'कुल हॉकी' की संकल्पना में इतने प्रभावशाली ढंग से समाविष्ट किया, यह भारत के लिए उपयोगी सिद्ध हुई। भारतीय हॉकी को विकसित करने में निभाई गई उनकी भूमिका को उन परिस्थितियों का अध्ययन करने पर ही भली-भाँति समझा जा सकता है, जिनके अंतर्गत उन्हें विभिन्न भारतीय टीमों को प्रशिक्षित करने के लिए बुलाया गया था। उन्हें जब-जब राष्ट्रीय प्रशिक्षण के लिए बुलाया गया, उन बुलावों में हमेशा अविश्वास या संदेह झलकता था।

सन् 1980-मास्को ओलंपिक्स में भारतीय चुनौती का जिम्मा उन्हें सौंपा गया, क्योंकि उससे पहले भारत दो बार पराजय का मुँह देख चुका था। पहली बार सन् 1976 ओलंपिक्स के पूर्व, जब भारत एक भी पदक नहीं जीत सका और फिसलकर सातवें पायदान पर पहुँच गया। दूसरी बार सन् 1978 के विश्व कप में, जब भारत पूर्व चैंपियन होने के बावजूद पाँचवें रैंक से ऊपर नहीं जा सका। बालकृष्ण ने एक युवा टीम विकसित की, जिसने मास्को में स्वर्ण पदक जीता। लेकिन एक साल बाद विश्व कप की तैयारी के लिए उन्हें नहीं बुलाया गया और

अगले ओलंपिक्स के लिए भी उन्हें तब आमंत्रित किया गया, जब बंबई विश्व कप और दिल्ली एशियन गेम्स में भारत का प्रदर्शन बहुत खराब रहा। इसी दौर में उन्होंने लड़कियों की हॉकी टीम बनाई। इस टीम ने एशियन गेम्स में पहली बार कदम रखा और पहला खिताब जीता। तब से लेकर आज तक एशियन गेम्स के पाँच आयोजनों के बाद, भारतीय लड़कियों की हॉकी टीम का वह एकमात्र एशियन स्वर्ण पदक है।

एक वर्ष से कम समय में उनके द्वारा बड़े परिश्रम से बनाई गई पुरुष टीम लॉस एंजिलिस ओलंपिक्स के सेमीफाइनल तक पहुँचने में कामयाब हो गई, लेकिन तभी एक नई व्यवस्था के कारण भारत को रैंकिंग में नीचे कर दिया गया, क्योंकि उस नियम के अनुसार पूल रैंकिंग का निर्णय गोल औसत के आधार पर किया जाता था। भारत को पाँचवें स्थान से संतुष्ट होना पड़ा (अंतिम मैच में हॉलैंड को 5-2 से हराने के बाद)। फिर भी उन्हें हटा दिया गया। तत्पश्चात् उन्हें सन् 1991 में बुलावा भेजा गया, क्योंकि भारत ने एक बार फिर आशा के विपरीत प्रदर्शन किया था, इस बार लाहौर विश्व कप प्रतियोगिता में।

बार्सिलोना ओलंपिक्स-1992 में जाने की तैयारी में उनकी टीम ने एक शानदार रिकॉर्ड बनाया। इस टीम ने कुआलालंपुर में आयोजित सुलतान अजलान शाह कप (सन् 1991) पर कब्जा करने के लिए सभी पाँचों मैच जीत लिये। उसके फलस्वरूप प्रायोजकों ने आना शुरू कर दिया। यूरोप के दौरे में टीम के प्रायोजक छत्तीसगढ़ डिस्टिलर्स थे, जिन्होंने भारत द्वारा खेले गए सभी पंद्रह मैचों के 'मैन ऑफ द मैच' के लिए पुरस्कार में बड़ी धनराशि दी। उस दौरे में भारत ने 15 में से 12 मैच जीते और दो अनिर्णीत रहे। इस भारी सफलता से आशाएँ बहुत बढ़ गईं; लेकिन खिलाड़ियों के लालच और उनकी अनुशासनहीनता ने बार्सिलोना में सारा खेल बिगाड़ दिया—एक लब्धप्रतिष्ठ जीवन का एक दुःखद अंत। लेकिन इस बात से इनकार नहीं किया जा सकता कि उन्होंने भारत को एक उद्देश्यपूर्ण प्रशिक्षण की दिशा देने में उल्लेखनीय प्रयास किए।

यदि उन्हें कभी चार वर्ष का कार्यकाल दिया गया होता तो भारतीय हॉकी का इतिहास इतना निराशाजनक नहीं होता जैसा '70 और '80 दशक में था। सन् 1972 की विश्व कप प्रतियोगिता में उनकी टीम एक भी मैच नहीं हारी और केवल पेनल्टी शूट-आउट के कारण खिताब से चूक गई। फिर भी सन् 1975 के विश्व कप के लिए एक नया कोच खोज लिया गया। वह मास्को ओलंपिक्स में स्वर्ण पदक के बाद भी सामने क्यों नहीं आए थे—यह एक दूसरा सवाल है, जिसका संतोषजनक

उत्तर कभी नहीं मिल पाएगा। यदि बालकृष्ण जैसे एक पूर्ण सिद्धांतवादी को उनके समकालीन महान् प्रशिक्षकों—हार्स्ट वेन, पॉल लिर्सक, डेविड व्हिटेकर, रोलेंट ओल्टमेंस, रिचर्ड अग्गीस के बराबर का दर्जा नहीं दिया गया तो यह गलती उनकी अपने में किसी कमी के कारण नहीं है, बल्कि उस व्यवस्था की है जिसके अंतर्गत उन्हें काम करना पड़ा।

बालकृष्ण ने लगभग एक दशक के दौरान अलग-अलग छह पारियों में विभिन्न टीमों को प्रशिक्षित किया। उनका कोई भी कार्यक्रम दो वर्षों से अधिक समय का नहीं था। फिर भी, उन्होंने बढ़िया-से-बढ़िया प्रशिक्षण देने में कोई कसर नहीं छोड़ी। उस अवधि के दौरान भारत ने ओलंपिक, विश्व कप, चैंपियंस ट्रॉफी और एशियाई खेलों में कुल मिलाकर 20 मैच जीते, 9 मैच बराबरी पर छूटे और सात मैच भारत हार गया। हारे गए सात मैचों में से चार मैच केवल बार्सिलोना ओलंपिक में हार जाना अन्यथा साफ-सुथरी छवि पर एक दाग छोड़ गया। उनकी योग्यता का एक प्रमाण यह भी है कि उनके द्वारा प्रशिक्षित टीमों ने पाकिस्तान के विरुद्ध चौदह मुकाबलों में केवल दो मैच हारे। 'वर्ल्ड हॉकी' नामक पुस्तक में उनकी टिप्पणियाँ हॉकी के बारे में उनके विद्वत्तापूर्ण ज्ञान का उदाहरण प्रस्तुत करती हैं। वह एक अच्छे वक्ता भी थे। उनके एक अनूठे मुहावरे को अकसर दोहराया जाता है, जो इस प्रकार है—''अंपायर घड़ियों की तरह होते हैं, वे कभी मेल नहीं खाते।''

□

लेजली वाल्टर क्लॉडियस

ध्यान चंद

बलबीर सिंह

मोहम्मद शाहिद

खंड-III

अमर भारतीय

प्रस्तुति : गुलु इज़ीक्यल

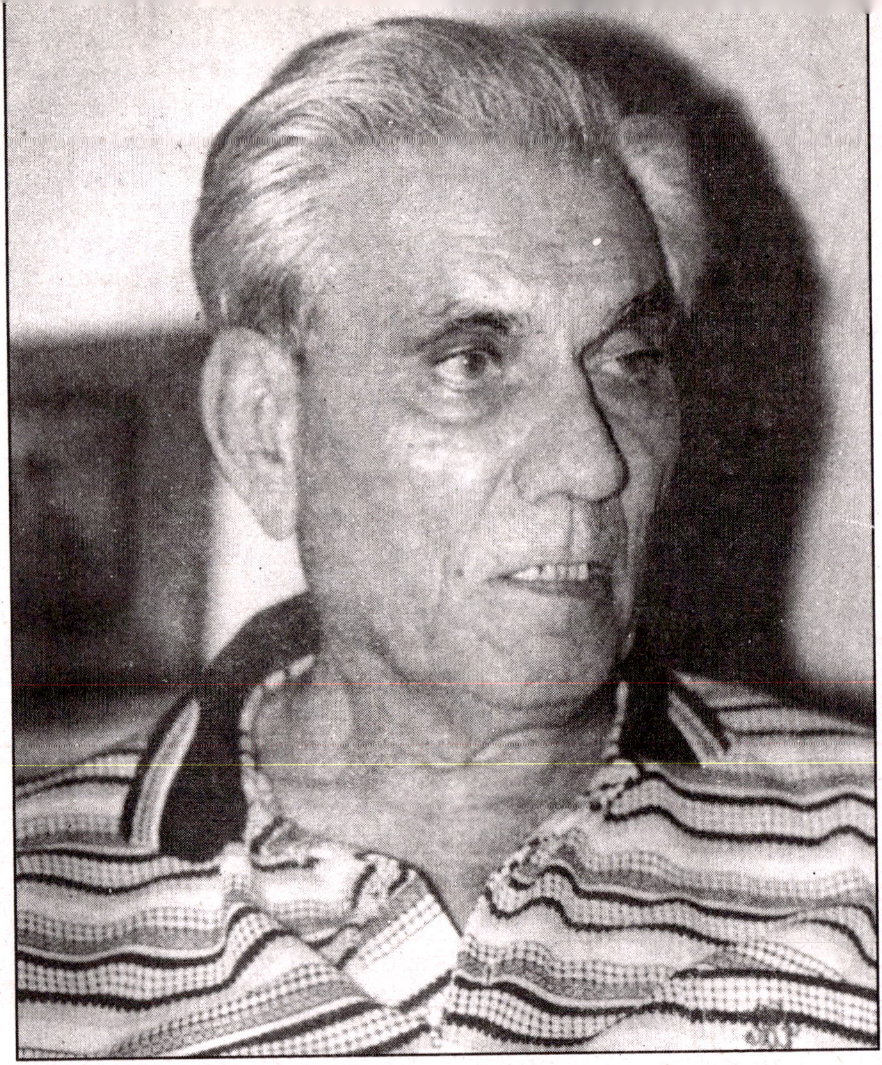

हेनरी रिबेलो

जन्म : 17 नवंबर, 1928, लखनऊ

ओलंपिक्स

1948 (लंदन)।

संयोगजन्य ऐथलीट

तिहरी कुदान (ट्रिपल जंप) लगानेवाले हेनरी रिबेलो का खेल-कूद संबंधी जीवन संक्षिप्त, लेकिन शानदार था। उन्होंने सन् 1948 में लंदन में आयोजित ओलंपिक्स में एक स्वतंत्र भारतीय के रूप में हिस्सा लिया। इस बात की पूरी संभावना थी कि वह कोई पदक प्राप्त करने में अवश्य सफल होंगे। लेकिन अंतिम चरण में उनकी पहली छलाँग चोट के कारण निष्फल रही। यह वृत्तांत भारत के अत्यधिक त्रासद वृत्तांतों में से एक है। बचपन में रिबेलो की खेल-कूद में कोई विशेष रुचि नहीं थी। इसके विपरीत वह अपने पूरे शैक्षिक जीवन में एक प्रतिभाशाली छात्र रहे। लेकिन जब उनका परिवार—हेनरी ग्यारहवें और सबसे छोटे बच्चे थे—लखनऊ से बंगलौर चला आया, उनके स्कूल में सभी के लिए स्पोर्ट्स में भाग लेना आवश्यक कर दिया गया।

रिबेलो वायुसेना में नौकरी करने और उसके पश्चात् राष्ट्रीय खेल-कूद संस्थान (एन.आई.एस.) में कुछ समय रहने के बाद अब सेवा-निवृत्त जीवन व्यतीत कर रहे हैं। रिबेलो को वह दिन याद है, जब बंगलौर के बाल्डविन स्कूल में शाम को स्पोर्ट्स सेशन में देरी से पहुँचने पर उन्हें छड़ी की मार पड़ी थी। ''जब मेरे पिता मुख्य अध्यापक से इस बात की शिकायत करने गए तो उन्हें दृढ़ शब्दों में कहा गया—'श्रीमान रिबेलो, ये इस स्कूल के नियम हैं। यदि आप इन नियमों को पसंद नहीं करते तो आप अपने बेटे को कहीं और ले जा सकते हैं।' इस तरह आरंभ हुआ भारतीय स्पोर्ट्स के अप्रशंसित नायकों में से एक का खेल-जीवन, जो एक उलका की तरह चमकता रहेगा, भले ही वह चमक थोड़ी देर की हो।

"व्यायाम और खेल-कूद (ऐथलेटिक्स) में मेरा प्रवेश देर से हुआ। मेरे परिवार में स्पोर्ट्स में गहरी रुचि लेनेवाला दूसरा व्यक्ति सिर्फ मेरा स्वर्गीय भाई कार्ल था, जिसने कलकत्ता कस्टम्स की ओर से हॉकी, फुटबॉल और क्रिकेट में हिस्सा लिया।" हेनरी ने अपने आरंभिक दिनों में कार्ल से प्रेरणा प्राप्त की।

रिबेलो ने गुड़गाँव, हरियाणा में अपने घर में बातचीत के दौरान बताया, "मैंने ऐथलेटिक्स में जब कदम रखा, तब मैं सोलह वर्ष का था और अंतर-विद्यालय प्रतियोगिताओं में हिस्सा लिया करता था, जहाँ हमारे स्कूल और बिशप कॉटन जैसे अन्य स्कूलों के बीच कड़ा मुकाबला हुआ करता था। बंगलौर एक गैरिसन (रक्षक सेना) शहर था और वहाँ बहुत से ब्रिटिश तैनात थे, जो स्पोर्ट्स में काफी दिलचस्पी रखते थे। वह सेना की टीम में शामिल हो गया और वहीं से उसने अंतर-राज्य प्रतियोगिताओं में भाग लेना शुरू किया।"

रिबेलो ने कोई औपचारिक प्रशिक्षण नहीं लिया था और न ही किसी कोच का सहारा लिया था, फिर भी उन्होंने लंबी कूद और तिहरी छलाँग (उछल-कूद, डग

मोट्सपुर पार्क में रिबेलो अपना प्रिय करतब दिखाते हुए।

भरना और कुदान) में रिकॉर्ड तोड़ना शुरू कर दिया। ''उन दिनों हम अमरीका से आई झिलमिल करनेवाली पुस्तकों से टिप (संकेत) लिया करते थे, जिनमें उस समय के ऐथलीट डीन क्रोमवैल को करतब करते दिखाया जाता था। तिहरी छलाँग की तकनीक मैंने इस तरह सीखी।''

उन्होंने अपना पहला पदक—ऐथलेटिक्स में आने के ठीक एक वर्ष बाद—सत्रह साल की उम्र में अपने उसी करतब में जीता, जब सन् 1946 में बंगलौर में आयोजित अखिल भारतीय 'ओलंपिक' प्रतियोगिता में उन्होंने हिस्सा लिया।

सन् 1948 में उन्होंने लखनऊ में आयोजित अखिल भारतीय प्रतियोगिता में 50 फीट 2 इंच की तिहरी छलाँग (ट्रिपल जंप) लगाकर राष्ट्रीय रिकॉर्ड बनाया और इस तरह ओलंपिक्स की तरफ पहला कदम बढ़ाया। यदि बरसात नहीं हो रही होती और जमीन गीली नहीं होती तो रिबेलो निश्चित रूप से 51 फीट से आगे निकल गए होते। रिबेलो का कहना है कि कार्ल ने उनसे वायदा किया था कि यदि वह 50 फीट को पार कर लेता है तो वह उसे प्रत्येक फीट के लिए 50/-रुपए देगा। मैंने सोचा, यह तो 'बहुत अच्छा' है और छलाँग लगा दी। वह कीर्तिमान लगभग एक दशक तक अटूट बना रहा (अर्थात् कोई उस रिकॉर्ड को तोड़ नहीं सका) और लंदन जाने के लिए उनकी जगह निश्चित हो गई। यह रिकॉर्ड उस वर्ष का विश्व स्तर पर भी सर्वश्रेष्ठ रिकॉर्ड था। इसके चलते उन्हें पदक मिलने की संभावना पक्की हो गई। रिबेलो का कहना है कि ''मैं तब एक तरह से राष्ट्रीय स्तर पर स्वयं से होड़ लगा रहा था। एक ही बात मुझे प्रेरित करती थी—उत्कृष्टता के पीछे लगे रहना और जीत की रोमांचक अनुभूति।''

नए कीर्तिमान का मतलब था कि सिर्फ दो वर्ष के अंदर उन्होंने 3 फीट की वृद्धि दर्ज की थी। लेकिन वह तिहरी कूदवाले से भी कुछ अधिक था। लंबी कूद में उन्होंने सर्वश्रेष्ठ 23 फीट का रिकॉर्ड कायम किया था और 100 मीटर दौड़ में 10.9 सेकंड का। उस समय तक वह सेंट जोसेफ कॉलेज में प्रवेश पा चुके थे और यहाँ उनका शैक्षिक रिकॉर्ड भी उत्कृष्ट रहा। व्यायाम और खेल-कूद (ऐथलेटिक्स) अब उनकी सनक बन गई थी; प्रशिक्षण का सिलसिला सुबह से देर रात तक चलने लगा। ''किसी कारण से मैंने सोचा कि पैरों की उँगलियों पर चलना उत्तम व्यायाम होगा। अत: मैं पादांगुलियों पर चलकर कॉलेज जाने लगा।'' रिबेलो ने स्पष्ट किया। ''सड़क पर हर अड़चन को मैं एक बाधा मानता था। कॉलेज के बाद फिर प्रशिक्षण और टेनिस खेलना, जो मुझे हमेशा अच्छा लगता था। रात्रिभोज के बाद मैं फिर हरकत में आ जाता, सड़क पर कारों का पीछा करता—स्व-प्रशिक्षण के रूप में।''

अपनी तकनीक के बारे में रिबेलो का कहना था कि उनकी डग लगभग 16 फीट थी। ''विश्व श्रेणी के सभी कूदकों की डग 16 फीट की होती है। इसीलिए उन्होंने इसका नाम बदलकर 'तिहरी छलाँग' कर दिया। मेरी कमजोरी मेरी छलाँग थी। आखिरी छलाँग के लिए मैं अपने बाएँ पैर से उड़ान भरता था। सच मानें तो यह वास्तव में एक कमजोरी थी। तब कोई प्रशिक्षक नहीं होते थे और न ही आजकल का-सा प्रशिक्षण।'' रिबेलो के पहले-पहल प्रशिक्षण साथियों में से एक उनका मित्र गोर्डन थॉर्प था, जो बाद में ऑस्ट्रेलिया प्रवास कर गया। ''गोर्डन लग्गा-कूद और ऊँची-कूद में माहिर था। हम साथ-साथ अभ्यास करते थे और एक-दूसरे की ताकत आजमाते थे। मुझे याद है, मैंने महात्मा गांधी की हत्यावाले दिन—अर्थात् 30 जनवरी, 1948 को कलकत्ता में अंतर-विश्वविद्यालय रिकॉर्ड तोड़ा था। उसके कुछ ही समय बाद मैंने राष्ट्रीय रिकॉर्ड बनाया और फिर मैं लंदन जाने की तैयारी कर रहा था।''

उस रिकॉर्ड ने उन्हें लंदन में अनेक विशेषज्ञों के बीच आकर्षण का केंद्र बना दिया। उन विशेषज्ञों में हेराल्ड अब्राहम्स जैसा महान् व्यक्ति भी शामिल थे, जिन्होंने उनका चयन स्वर्ण पदक के प्रत्याशित विजेता के रूप में किया। उनके विश्वास को रिबेलो ने गेम्स से दो सप्ताह पहले मोट्सपुर पार्क में विदेशी ऐथलीटों के लिए आयोजित प्रतियोगिता में सही साबित कर दिखाया।

रिबेलो उन्नीस वर्ष की वय में विश्व के सर्वश्रेष्ठ के विरुद्ध मुकाबला कर रहे थे और जल्दी ही उन्होंने अपना लक्ष्य प्राप्त कर लिया। उन्होंने 52 फीट डेढ़ इंच लंबी छलाँग दर्ज कराई, जो विश्व रिकॉर्ड धारक जापान के ताजिमा के रिकॉर्ड से सिर्फ साढ़े चार इंच कम थी। तथापि उस छलाँग को अमान्य घोषित कर दिया गया, क्योंकि वह रेखा से आधा इंच बाहर चला गया था। फिर भी, उन्होंने अगले मुकाबले में 50 फीट की छलाँग लगाकर ऑस्ट्रेलिया के जॉर्ज एवरी को 2 फीट से भी ज्यादा पीछे छोड़ दिया और पहला स्थान प्राप्त कर लिया। एवरी संभावित विजेताओं में से थे और उनके कोच जॉन मेटकॉफ (सन् 1936 में कांस्य पदक विजेता) ने तत्काल रिबेलो को स्वर्ण पदक का निश्चित हकदार मान लिया।

3 अगस्त का दिन बड़ा महत्त्वपूर्ण था। ओलंपिक्स चरम अवस्था में था। अगले दौर में जाने की योग्यता सिद्ध करनेवाली प्रतियोगिताएँ सुबह आयोजित की गईं और रिबेलो 49 फीट पार करके आसानी से अंतिम दौर में पहुँच गए, जबकि निर्धारित लक्ष्य 48 फीट 6 इंच था। सिर्फ चोटी के 12 लोग ही फाइनल में पहुँच पाए। अंतिम दौर की प्रतियोगिताओं का समय दोपहर बाद का था। ''मुझे पचास

अपनी पत्नी के साथ

साल बाद भी वह दिन अभी तक साफ-साफ याद है। हम अपने ट्रैक सूट पहने हुए थे और खुद को गरम रखने के लिए कंबल ओढ़े हुए थे। जब मेरी बारी आई, मैं टर्की के रूही सरियाल्प के साथ अभ्यास कर रहा था। मैं तय नहीं कर पा रहा था कि क्या करूँ? क्या मुझे पहले प्रयास में लंबी कूद भरनी चाहिए या उसे तीसरे या चौथे प्रयास के लिए बचाकर रखना चाहिए? मैंने ट्रैक सूट सँभाला और तैयार हो ही रहा था कि तभी एक पदाधिकारी ने मुझे अचानक रोक दिया, क्योंकि उस गड्ढे के पास एक पुरस्कार वितरण समारोह होनेवाला था, जिसमें छलाँग लगाई जाती है।''

लंदन का मौसम ठंडा, सीलन भरा और हलकी बारिश से गीला-गीला था। ''पिछले दिनों की नरम-गरम चमकीली धूप गायब हो गई थी।'' 15 मिनट बाद जब उन्हें दोबारा बुलाया गया, रिबेलो ने बताया, ''मैंने दो बड़ी गलतियाँ कर डालीं। मैं सिर्फ साढ़े उन्नीस वर्ष का था और मुझे कोई अनुभव नहीं था। मुझे तैयारी के लिए कुछ समय माँग लेना चाहिए था। वह मेरी पहली गलती थी—तैयारी न करना। मेरी दूसरी गलती थी—पहले ही सीधी छलाँग मारना। हमें कुल छह कुदान भरनी थीं और मुझे स्थिति को सहज रूप में लेना चाहिए था। नतीजा वही हुआ, जो होना था—निराशाजनक। मैं बड़ी तेजी से उड़ान-तख्त पर चढ़ा। तख्त पर मेरा पाँव पड़ा और

मैंने तिहरी छलाँग की पहली कूद-हॉप के लिए उड़ान भरी। तब अचानक मैंने अपने सीधे घुटने की पीछेवाली नस में तेज दर्द महसूस किया और मेरे दिल ने 'धड़ाक' जैसा कुछ सुना, मानो कोई प्रत्यंचा (धनुष की डोरी) टूटी हो। मेरे सीधे घुटने की नस चटक गई थी। मेरा संतुलन पूरी तरह बिगड़ गया और मैं धड़ाम से गड्ढे में जा गिरा।''

दर्द से कराहते रिबेलो को स्ट्रेचर पर उठाकर ले जाया गया। उनकी आशाएँ और सपने चकनाचूर हो गए थे। ''विडंबना की बात है, ओलंपिक्स से पहले मुझे ऐसी कोई चोट कभी नहीं लगी थी। जब मुझे ले जाया जा रहा था, तब भी एवरी मेरे पास आया और मुझसे बोला, 'हेनरी, तुम्हारे लिए मुझे दुःख होता है। लेकिन मैं खुश हुए बिना भी नहीं रह सकता, क्योंकि मुकाबले से तुम्हारे बाहर हो आने के कारण मेरी जीत की संभावना बढ़ गई है।' ''

50 फीट 1/2 इंच के साथ एवरी को दूसरा स्थान प्राप्त हुआ। स्वर्ण पदक स्वीडन के आर्ने एहमन (50 फीट 6 1/2 इंच) को मिला और 49 फीट 3 1/2 इंच के साथ सरियाल्प को कांस्य-पदक। इस नाटक का एक चश्मदीद गवाह एरिक फिलिप (प्रभाकर) था, जिसे लंदन में 100 मीटर सेमीफाइनल के लिए चुन लिया गया था। एरिक और हेनरी दोनों बंगलौर से मित्र और एक-दूसरे के प्रतिद्वंद्वी थे। हेनरी याद करके बताते हैं कि वह एरिक को अकसर उसकी घुटनस समस्या को लेकर चिढ़ाया करता था।

प्रभाकर को याद है, ''हेनरी को

पदक मिलने की बड़ी उम्मीद थी। वह युवा और कच्चा तो था, लेकिन पूरी तैयारी में था। उसके प्रदर्शन से कुछ समय पहले ही भारोत्तोलन के लिए पदक वितरण समारोह का आयोजन किया गया था और उसे कुछ देर के लिए अपना व्यायाम रोकने तथा प्रथानुसार राष्ट्रगीत के दौरान सावधान मुद्रा में खड़े रहने के लिए कहा गया। वह समारोह समाप्त हो जाने के बाद आयोजक समयाभाव के कारण जल्दबाजी में थे। उन्होंने हेनरी को तत्काल अपना करतब दिखाने के लिए कहा। उसने कोई विरोध नहीं किया और तैयारी के बिना ही सीधे छलाँग भरने चला गया। पहले चरण (हॉप) के बाद उसकी घुटनस चटक गई और उसे तीव्र पीड़ा के कारण मैदान से बाहर ले जाया गया। उससे पहले कभी उसे इस तरह की परेशानी नहीं हुई थी।'' उस दुर्घटना ने रिबेलो के ऐथलेटिक्स जीवन पर हमेशा के लिए परदा डाल दिया, जिसकी शुरुआत हिचकिचाहट से हुई थी और समाप्ति दु:ख में हुई।

''उसके बाद अध्ययन और मेरी जीविका मेरी प्राथमिकता बन गई। जब तक सन् 1952 के ओलंपिक्स का समय आया, मैं मद्रास के लोयोला कॉलेज से स्नातक की उपाधि ले चुका था और वायु सेना में भरती हो गया था। मैं प्रशिक्षणाधीन था और मुझे बता दिया गया था कि यदि मैंने ओलंपिक्स के लिए अवकाश लिया तो मुझे एक साल की वरीयता का नुकसान होगा।'' रिबेलो स्वीकार करते हैं कि अब तक उन्हें निराशा की भावना ने घेर लिया था और उन्हें प्रशिक्षण में कोई रुचि नहीं रह गई थी; अत: उन्होंने स्पर्धात्मक ऐथलेटिक्स का विचार त्याग दिया। वह सन् 1980 में वायु सेना से ग्रुप कैप्टेन की हैसियत से सेवानिवृत्त हुए और भारतीय खेल प्राधिकरण (स्पोर्ट्स अथॉरिटी ऑफ इंडिया) के पहले निदेशक बने। वह सन् 1984 से 1988 तक इस पद पर रहे। उनके पुत्र मार्क भी तिहरी कूद लगानेवाले अर्थात् ट्रिपल जंपर थे।

□

खशब डी. जाधव

कांस्य पदक विजेता

भारतीय खेल का इतिहास खिलाड़ियों की घोर उपेक्षा और उनके साथ किए गए अनुचित व्यवहार के किस्सों-कहानियों से भरा पड़ा है और वह खेल-जगत् की एक बड़ी दु:खद तसवीर पेश करता है; लेकिन जो दुर्व्यवहार स्व. पहलवान खशब दादा साहेब जाधव के साथ किया गया, वह शर्मिंदगी की सारी हदों को पार करनेवाला किस्सा है। नॉर्मन प्रिकार्ड (सन् 1900) के समय से लेकर लिएंडर पेस के समय (सन् 1996)—लगभग एक शताब्दी—तक भारत के खाते में एक ही व्यक्तिगत कांस्य-पदक आया था, जो जाधव ने सन् 1952 के हेलसिंकी ओलंपिक्स में जीता था। फिर भी, राष्ट्र के एक अत्यंत होनहार, यशस्वी व साहसिक खिलाड़ी की उनके जीवनकाल के दौरान घोर उपेक्षा की गई और सन् 1988 में एक सड़क दुर्घटना में उनकी दु:खद मृत्यु के बाद उन्हें पूरी तरह भुला दिया गया।

जाधव की इस महान् उपलब्धि के बावजूद उन्हें न तो कोई राष्ट्रीय या राजकीय सम्मान मिला, न ही अर्जुन पुरस्कार और न ही कोई नकद इनाम। उनकी मृत्यु के बाद भी उनकी विधवा कुसुम को मुआवजे के रूप में 25,000/- रुपए की राशि के अलावा कुछ नहीं मिला। उन्होंने जीवन भर पुलिस की नौकरी की और फिर भी उनका परिवार करड़, महाराष्ट्र में गुमनामी की जिंदगी जीता रहा। जाधव ने सन् 1948 के लंदन ओलंपिक्स (फ्रीस्टाइल/फ्लाइवेट) में छठा स्थान प्राप्त किया। लेकिन उनके गौरवान्वित होने का वास्तविक क्षण तब आया जब चार वर्ष बाद उन्होंने हेलसिंकी में 52 कि.ग्रा. वाली फ्रीस्टाइल (बेंटमवेट) श्रेणी में कांस्य पदक प्राप्त किया।

खशब दादासाहेब जाधव
जन्म : 1930 : गोलेश्वर गाँव, सतारा जिला (महाराष्ट्र)।
ओलंपिक्स :
1948 (लंदन), 1952 (हेलसिंकी)

महाराष्ट्र पुलिस में विशिष्ट सेवा

महाराष्ट्र के अनेक परिवारों की तरह जाधव का परिवार भी कुश्ती का बहुत शौकीन था। उनके पिता दादा साहेब ने अपने पाँचों बेटों को कुश्ती सिखाई, खशब उनमें सबसे छोटा था। दूसरे चार पुत्र थे—बालकृष्ण, ज्योति राम, काशीराम और दिनकर। वे सभी खेल-कूद में आगे थे। उनके तीन बेटियाँ थीं। खशब छोटी उम्र से ही अपने पिता के कंधों पर बैठकर कुश्ती मुकाबलों को देखा करता था। स्कूल में पढ़ाई में भी वह अच्छा था। बाद में उसे तिलक हाई स्कूल, करड़ में दाखिला मिल गया, जहाँ उसे रोज अपने घर से चार मील पैदल चलकर जाना पड़ता था। यहाँ रहते हुए उसने कबड्डी, दौड़, तैराकी और जिम्नास्टिक्स (व्यायाम) में अपनी श्रेष्ठता सिद्ध की।

खसब ने राजा राम कॉलेज, कोल्हापुर—पहलवानों के विकास के लिए प्रसिद्ध—से जब तक स्नातक की उपाधि ग्रहण की, तब तक सारे महाराष्ट्र में उनका नाम हो चुका था। सन् 1945 में प्रोफेसर माणिक राव की नजर उन पर पड़ी, जो राज्य में पहलवानी विकास के महान् समर्थक थे। जाधव ने सन् 1948 में राष्ट्रीय ख्याति प्राप्त

की, जब उन्होंने बंगाल के तत्कालीन फ्लाइवेट चैंपियन निरंजन दास को पछाड़ दिया। उस सफलता ने उन्हें ओलंपिक्स में भाग लेने के लिए लंदन जाने का अवसर दे दिया। खेलों की शुरुआत होने से पहले लंदन में वास के दौरान भारतीय पहलवानों को अमरीका के रीस गार्डनर ने प्रशिक्षण प्रदान किया, जो भूतपूर्व लाइटवेट विश्व चैंपियन थे।

जाधव को गार्डनर से प्रशिक्षण पाने के लिए एक सप्ताह का ही समय मिला। फिर भी उन्होंने माना कि थोड़ी सी अवधि में ही उन्होंने बहुत कुछ सीख लिया था और चार साल बाद कांस्य-पदक हासिल कर पाने का श्रेय उन्होंने बहुत हद तक उस अमरीकन प्रशिक्षक को दिया। भारतीय पहलवानों को लंदन पहुँचकर इस जानकारी से धक्का-सा लगा कि भारतीय और अंतरराष्ट्रीय नियमों के बीच अंतर है। भारतीय पहलवान अपने प्रतिद्वंद्वी को पीठ पर चित करके ही मुकाबला जीत लेते थे। लेकिन अंतरराष्ट्रीय नियमों में यह शर्त थी कि जीत का दावा करनेवाले पहलवान को चाहिए कि वह चित किए गए पहलवान के कंधों को 2 सेकंड तक कैनवस से लगाए रखे, ताकि हार-जीत का निर्णय किया जा सके।

गीली मिट्टीवाले अखाड़े में कुश्ती करने के बजाय मैट (चटाई) पर कुश्ती करना भी बेचैनी का कारण बन गया। फिर भी जाधव 42 में से छठा स्थान पाने में सफल हो गए, जो निस्संदेह प्रशंसनीय था। तीसरे चक्र में वह ईरान के मोहम्मद रसूल रैसी से हार गए। चार वर्ष बाद हेलसिंकी के लिए उनके चयन में पदाधिकारियों ने रोड़ा अटका दिया, क्योंकि मद्रास में आयोजित राष्ट्रीय स्तर के मुकाबलों में उन्होंने उसे दूसरे स्थान पर रखा। लेकिन जाधव ने उसका विरोध किया और पटियाला के महाराजा को एक विरोध-पत्र लिख भेजा, जिन्होंने उनकी ओर से मामले में हस्तक्षेप किया।

वापस आकर अधिकतर खेलों में देश का प्रतिनिधित्व करनेवाले खिलाड़ियों को अपनी यात्रा व अन्य खर्चों के लिए स्वयं धन जुटाना पड़ा। मित्रों और पड़ोसियों ने करड़ के दुकानदारों से चंदा इकट्ठा करके उनके लिए किट खरीदने का प्रबंध किया। राजा राम कॉलेज के प्रिंसिपल श्री खर्डेकर ने उल्लेखनीय त्याग का उदाहरण पेश किया। उन्होंने जाधव की विदेश यात्रा हेतु आवश्यक धन की व्यवस्था करने के लिए अपना घर बेच दिया और अंततः जाधव हेलसिंकी के लिए रवाना हो गए। इस समय तक वह फ्लाईवेट (52 कि.ग्रा.) से बेंटमवेट (57 कि.ग्रा.) श्रेणी में पहुँच गए थे। उन्होंने पहले पाँचों चक्र पूरे कर लिये तथा हर कुश्ती पाँच मिनट से भी कम समय में जीत ली। फिर उनकी सबसे कड़ी परीक्षा की बारी आई; छठे दौर में उनका

जाधव अपनी पत्नी और पुत्र के साथ।

मुकाबला जापान के शोहाची इशी से था। दोनों दमदार पहलवानों की कुश्ती 15 मिनट तक चली और जापानी पहलवान 1 अंक से मुकाबला जीत गया।

इशी आरंभ में जुडोका था, लेकिन बाद में कुश्ती करने लगा, जब अमरीकी आधिपत्य सेना ने दूसरे विश्वयुद्ध के पश्चात् जूडो पर रोक लगा दी। वह स्वर्ण पदक जीत गया।

उस बड़ी कुश्ती के तत्काल बाद जाधव को दूसरी कुश्ती के लिए मैट पर जाने का आदेश मिला। यह मुकाबला सोवियत संघ के राशिद ममेदबेलोव के विरुद्ध था। नियमों के मुताबिक, दो मुकाबलों के बीच कम-से-कम आधा घंटे का विश्राम जरूरी था। लेकिन विचित्र बात है कि उनकी तरफदारी करने के लिए कोई भारतीय अधिकारी मौजूद नहीं था और श्रांत-क्लांत जाधव को अपनी किट बदलने तक का समय मुश्किल से मिला। रूसी पहलवान ने उन्हें आसानी से धराशायी कर दिया और अंतिम दौर में पहुँच गया। भारतीय पहलवान के लिए हेलसिंकी शायद ऊँचा पायदान था। के.डी. मानगवे कांस्य पदक पाने से चूक गए और उन्होंने फ्रीस्टाइल फेदरवेट श्रेणी में चौथा स्थान प्राप्त किया।

उनके वापस आने पर उनके स्वागत में अनेक समारोह आयोजित किए गए। लेकिन उन्हें सबसे अधिक खुशी उस शोभायात्रा में मिली, जब उनके गाँव के लोगों ने 151 बैलगाड़ियों को जुलूस में शामिल किया और उन्हें एक हीरो की तरह उनके गाँव गोलेश्वर तक ले गए, जो करीब 40 किलोमीटर दूर था। कोल्हापुर में एक कुश्ती प्रतियोगिता आयोजित करके धन इकट्ठा किया गया, ताकि उस धन से त्याग की मूर्ति श्री खर्देकर अपना मकान वापस खरीद सकें।

यह सब हो जाने के बाद जाधव को फिर खेल पदाधिकारियों, सरकार और पुलिस की उपेक्षा का सामना करना पड़ा। वह पदोन्नति पाकर नौगाँव, बंबई में सहायक आयुक्त बन गए। जाधव ने अपनी पत्नी के गहने बेचकर जो साधारण-सा मकान बनाया, उसका नाम 'ओलंपिका निवास' ठीक ही रखा। उनका पुत्र रंजीत कुश्ती छोड़कर फुटबॉल में चला गया। उनका परिवार आज भी संघर्ष कर रहा है और यह भारतीय खेलों के नाम पर निश्चय ही एक धब्बा है।

□

महानतम

भारत में जनमे अब तक के संभवत: सबसे बड़े स्पोर्ट्समैन मिल्खा सिंह की कहानी खेल-कूद के इतिहास में एक अत्यंत प्रेरणाप्रद और विस्मयकारी कहानी है।

''मैंने अपने जीवन में केवल दो अवसरों पर वास्तव में आँसू बहाए हैं। एक बार उस समय जब देश-विभाजन के दौरान मेरे माता-पिता की हत्या कर दिए जाने के बाद मुझे लायलपुर (मेरा जन्मस्थान, जो अब पाकिस्तान में है और फैसलाबाद के नाम से जाना जाता है) छोड़ना पड़ा और दूसरी बार रोम में, जब मेरी तकदीर लिखी गई।'' सन् 1947 में आजादी की ओर मिल्खा सिंह की उड़ान और सन् 1960 में रोम ओलंपिक्स के बीच सिर्फ तेरह साल का अंतर रहा। लेकिन वे कितने दुर्दांत और बेरहम दिन थे। मिल्खा को उस युग में 'द फ्लाइंग सिख' कहा जाने लगा, जब पश्चिमी देशों में कोई सिख मुश्किल से ही दिखाई देता था। उनके भड़कीले व्यक्तित्व ने वहाँ बहुत लोगों का दिल जीत लिया। लेकिन सन् 1947 में 'फ्लाइंग सिख' के मन पर एक ही बात छाई हुई थी—किसी तरह अपनी जिंदगी लेकर स्वतंत्र भारत में पहुँच जाना। देश के बँटवारे के दौरान उनके माता-पिता और दूसरे नाते-रिश्तेदारों को उनकी आँखों के सामने ही कत्ल कर दिया गया था और मिल्खा अपनी जान हथेली पर रखे हुए बच निकलने की कोशिश कर रहे थे। लायलपुर में अपना सबकुछ छोड़कर मिल्खा ने दिल्ली जानेवाली गाड़ी के नीचे लटके-लटके सीमा पार की, क्योंकि पाकिस्तान छोड़कर भारत की ओर कूच करनेवाले शरणार्थियों से रेलगाड़ी खचाखच भरी हुई थी और उसके अंदर पाँव रखने की भी जगह नहीं थी।

मिल्खा सिंह

जन्म : लायलपुर (अब फैसलाबाद, पाकिस्तान में) : 17 अक्तूबर, 1935

ओलंपिक्स : 1956 (मेलबोर्न)
1960 (रोम)
1964 (तोक्यो)

मिल्खा तब केवल बारह वर्ष के थे, अकेले थे और उनका कहीं कोई वली-वारिस नहीं था, जिसकी शरण में वह जा सकते। लेकिन व्यायाम एवं खेल-कूद (ऐथलेटिक्स) ही उनकी शरणस्थली बननी थी और यदि आज उन्हें भारतीय खेल-जगत् का जीता-जागता महापुरुष कहा जाता है तो यह उनके उन दिनों के साहस और दृढ़ संकल्प का ही परिणाम है।

जब वह सिर्फ कुछ कपड़ों को पीठ पर लादे दिल्ली की सड़कों की खाक छान रहे थे, तब भी उन्होंने अपनी रोजी-रोटी और रक्षा के लिए सेना की ही मदद ली। सेना ने उन्हें आर्मी मैस में काम दिलाकर न केवल उन्हें जीने का सहारा दिया, बल्कि अन्य सुविधाएँ भी मुहैया कराईं, ताकि वह अपनी दिली तमन्ना को पूरा कर सकें। उनका सपना था विश्व रिकॉर्ड बनाना। मिल्खा ने यूरोप और एशिया में पाई प्रसिद्धि और लोकप्रियता के बदले अपने कर्मचारियों को भरपूर इनाम बाँटे। वह एशियन ऐथलेटिक्स पर इस कदर छाए रहे कि धावन-पथ पर उनके स्वर्णिम वर्षों के दौरान तोक्यो, मनीला और अनेक एशियाई देशों की राजधानी में हर जगह उन्होंने अपने श्रद्धालुओं को पाया।

दो एशियन गेम्स, तीन ओलंपिक्स और दो कॉमनवेल्थ गेम्स—इन सभी खेल प्रतियोगिताओं में उनका जोशीला व्यक्तित्व छाया रहा। तोक्यो में आयोजित

मिल्खा सिंह, बाएँ से दूसरे—रोम ओलंपिक्स में 400 मीटर दौड़ में चौथे स्थान पर रहे।

एशियाड–1958 में मिल्खा ने न केवल 400 मीटर दौड़ जीती, बल्कि उन्होंने 200 मीटर दौड़ में भी पाकिस्तानी अब्दुल खालिक को हरा दिया और एशियाई खेल-जगत् में उनकी जय-जयकार होने लगी। उसी वर्ष कॉमनवेल्थ गेम्स (जिन्हें उस समय 'एंपायर गेम्स' कहा जाता था) में उन्होंने 46.6 सेकंड में ही अपना पसंदीदा मुकाबला, दक्षिण अफ्रीका के माल्कम स्पेंस को हराकर जीत लिया—यह नाम दो साल बाद उन्हें कचोटने लगा। मिल्खा ने अपने प्रदर्शन का श्रीगणेश सन् 1956 में मेलबोर्न ओलंपिक्स से किया था। उन खेलों के बारे में वह याद करके बताते हैं, "मैं पूरी तरह खो गया था, जैसे किसी अनपढ़ बच्चे को कुछ समझ नहीं आता है। मुकाबले में सभी मुझसे श्रेष्ठ एवं बढ़-चढ़कर थे। उन्हें देखकर मैं चकित रह गया और प्रेरित भी हुआ। मैं हिम्मत बटोरकर चार्ल्स जेनकिंस (400 मीटर दौड़ जीतनेवाले अमरीकी) के पास गया और उनसे कुछ पते की बातें बताने का अनुरोध किया। वह इतना खुश हुए कि उन्होंने मेरे लिए प्रशिक्षण और अभ्यास का पूरा विवरण लिख दिया।"

इससे मिल्खा के खेल-जीवन में एक नया मोड़ आया। उन्होंने जेनकिंस द्वारा बनाकर दिए कार्यक्रम (समय-सारणी) का इतनी कड़ाई से पालन किया कि कहा जाता है, प्रशिक्षण सत्र समाप्त हो जाने पर वह अकसर खून भरी उलटियाँ कर देते थे। लेकिन उनकी यह कड़ी मेहनत बेकार जानेवाली नहीं थी; उसका इनाम उन्हें मिलना ही था। रोम ओलंपिक्स के लिए उनका नाम सबसे ऊपर था। उनके नाम की

रोम ओलंपिक्स-1960 (400 मीटर दौड़ फाइनल का फोटो-फिनिश)

व्यापक चर्चा हो रही थी और वह अपने समय के सर्वाधिक ख्याति-प्राप्त भारतीयों की सूची में शामिल हो गए थे। रोम ओलंपिक्स से पहलेवाले वर्ष में उन्हें अमरीका की हेल्म्स ट्रॉफी उस वर्ष का सर्वश्रेष्ठ 'क्वार्टर माइलर' होने के सम्मान-स्वरूप प्रदान की गई। इटली के खेल इतिहासकार रॉबर्टो एल. क्वेर्सेतनी के विश्वस्त ग्रंथ 'ऐथलेटिक्स ए हिस्ट्री ऑफ मॉडर्न ट्रैक एंड फील्ड ऐथलेटिक्स' में मिल्खा सिंह का विशेष उल्लेख किया गया है—"भारत के सुसंबद्ध मिल्खा सिंह (जिनका जन्म 17 अक्तूबर, 1935 को लायलपुर में हुआ, 1.73 मी./66 कि.ग्रा.) को अनपेक्षित प्रसिद्धि मिलना और भी अधिक आश्चर्य की बात थी, जिसने उस देश में एक हिम-भंजक के रूप में काम किया, अर्थात् औरों के लिए रास्ता बनाया, जिस देश में ऐथलेटिक क्षमता का अब तक उपयोग नहीं किया गया है। सन् 1958 में उन्होंने कार्डिफ में आयोजित एंपायर गेम्स में 440 गज की दूरी 46.6 सेकंड में पूरी करके खिताब जीता था और इस मुकाबले में अन्य के अलावा स्पेंसर को भी मात दी थी। सन् 1960 में वह जल्दी ही यूरोप आए, तब तक वह 20.07 और 46.1 सेकंड का रिकॉर्ड अपने नाम कर चुके थे। खेलों के उद्घाटन से कुछ पहले ही उन्होंने 45.9 सेकंड का समय दर्ज कराया था, जो एक जबरदस्त प्रगति थी—यह उत्कृष्ट उपलब्धि उसने ऐसे समय में हासिल की थी, जब पूरे एशिया महाद्वीप में कोई भी दूसरा व्यक्ति 48 सेकंड में भी उस दूरी को पूरा नहीं कर सका।

मिल्खा सिंह यूरोप के धावन-पथ पर बहुत अच्छा समय निकालने के बाद

रोम ओलंपिक्स के लिए रवाना हुए, जहाँ उन्हें पदक हासिल करने की पूरी संभावना थी। 400 मी. में भाग लेनेवाले इतनी बड़ी संख्या में पहले कभी जमा नहीं हुए थे। उन सभी धावकों के लिए सेमीफाइनल और फाइनल मुकाबलों में भाग लेने हेतु अलग-अलग दिन निश्चित किए गए। आतिशबाजी क्वार्टर फाइनल में ही शुरू हो गई, जब ओटिस डेविस (जिसने रोम प्रतियोगिता से पहले अपना सर्वश्रेष्ठ व्यक्तिगत रिकॉर्ड 45.6 सेकंड तक नीचे ला दिया था) ने 45.9 सेकंड के ओलंपिक रिकॉर्ड की बराबरी कर ली। उसने पहला सेमीफाइनल 45.5 सेकंड का समय दर्ज कराकर जीता। मिल्खा सिंह (45.9) और जर्मनी के मन्फ्रेड किंडर ने (46.0) सेकंड का समय लिया, जबकि रॉबी ब्राइटवाल ने 46.2 सेकंड का समय लेकर ब्रिटेन का रिकॉर्ड बेहतर लिया; लेकिन वह प्रतियोगिता से बाहर हो गया। समझा जा सकता है कि मुकाबला कितना कड़ा था। दूसरे सेमीफाइनल मुकाबलों में कार्ल कॉकमैन 45.7 सेकंड के साथ सबसे आगे रहा, दूसरे स्थान पर स्पेंस (45.8) और तीसरा स्थान अली यंग (46.1) को मिला। अंतिम मुकाबला 6 सितंबर को होना था। 41 देशों से कुल 54 प्रतियोगियों ने फाइनल तक पहुँचने का सम्मान पाने के लिए एक-दूसरे के विरुद्ध कड़ा संघर्ष किया था और उनमें भारत के गौरव एवं हर्ष का सितारा भी था। मिल्खा पाँचवीं गली (लेन) में थे। रोम तक उन्होंने विश्व में सभी चोटी के उन धावकों को पीछे छोड़ दिया था जिन्होंने क्वार्टर फाइनल में हिस्सा लिया था, अमरीका के डेविस के अलावा। क्वेर्सेतनी ने मिल्खा के लिए कम-से-कम रजत पदक की उम्मीद की थी। बाद में उसने बताया कि मिल्खा सिंह की जबरदस्त तैयारी को देखकर लगता था कि वह स्वर्ण पदक तक भी पहुँच सकते हैं।

मिल्खा को वह दौड़ इस तरह याद है, जैसे कल की ही बात हो—"फाइनल के लिए स्टेडियम में जाते समय मैं बिलकुल शांत था; लेकिन अपने प्रतिद्वंद्वियों को

देखते ही मेरा तनाव बढ़ गया। और हर मिनट गुजरने के साथ तनाव बढ़ने लगा। मैं पाँचवीं लेन में जा पहुँचा, जहाँ दक्षिण अफ्रीका का माल्कम स्पेंस मेरे बाईं ओर तथा जर्मनी का मनफ्रेड किंडर मेरे दाहिनी तरफ था। 250 मीटर तक तो मैं तेजी से गया, फिर मेरी गति थोड़ी धीमी पड़ गई। मुझे लगा कि मेरी रफ्तार बहुत तेज़ है और यदि इसी गति से दौड़ता रहा तो अंत में जाकर मैं असफल हो जाऊँगा। उस क्षण मैंने पीछे मुड़कर देखा या शायद बगल से। लेकिन उस क्षणांश ने मेरी तकदीर तय कर दी। एक-एक करके वे सब मेरी बराबरी पर आ गए—स्पेंस, कॉफमैन और डेविस—और मेरे हाथ से सबकुछ फिसल गया। मेरी यह गलती मेरे मरते दम तक मुझे सालती रहेगी। हालाँकि मैं पूरी ताकत से दौड़ रहा था, फिर भी मैं अंतिम 100 में उस छह या सात गज के अंतर को पूरा नहीं कर सका।

''मैंने बहुत कोशिश की कि मैं उस तीसरे स्थानवाले लड़के (स्पेंस) से आगे निकल जाऊँ, जिसे मैंने कॉमनवेल्थ गेम्स में हराया था। लेकिन वह पहले दोनों धावकों को पकड़ने की कोशिश कर रहा था और इसका मुझे लाभ हुआ। हमने समाप्ति रेखा लगभग साथ-साथ पार की। मैं जान गया था, मैंने भारी भूल की है, लेकिन फिर भी मैंने आधिकारिक निर्णय (फोटो के जरिए तथ्यात्मक स्थिति) जानने तक आशा बनाए रखी। लेकिन दुर्भाग्य जीत गया और मुझे चौथा स्थान मिला, हालाँकि मेरा समय (45.6) वर्तमान ओलंपिक रिकॉर्ड 45.9 से बेहतर था। डेविस और कॉफमैन—दोनों ने 44.9 सेकंड का विश्व रिकॉर्ड कायम किया और स्पेंस 45.5 के साथ तीसरे स्थान पर रहा।'' यह दौड़ इतिहास में उस समय तक की सबसे बड़ी व महत्त्वपूर्ण दौड़ थी, जिसमें पहले दो धावकों ने विश्व रिकॉर्ड तोड़ा और तीसरे एवं चौथे ने ओलंपिक रिकॉर्ड भंग किया। यहाँ तक कि पाँचवाँ और छठा स्थान पानेवालों (किंडर और यंग) ने भी 45.9 सेकंड का समय लेकर रोम ओलंपिक-पूर्व रिकॉर्ड तोड़ा। यह उस तरह की दौड़ थी। लेकिन निराश-हताश मिल्खा के लिए वह कोई सांत्वना की बात नहीं थी।

रोम में अनौपचारिक स्वत: दर्ज समय-विवरण भी उपलब्ध था, जिसके अनुसार विजेता का समय 45.07 सेकंड था, जबकि तीसरा स्थान पानेवाले स्पेंस का समय 45.60 सेकंड रिकॉर्ड किया गया था और मिल्खा का 45.73 सेकंड।

''मेरे सपने चूर-चूर हो गए। मैंने पदक समारोह की प्रतीक्षा की और डेविस, कॉफमैन तथा स्पेंस को बधाई दी। लेकिन ईमानदारी से कहूँ तो यह करते हुए मुझे अच्छा नहीं लग रहा था। यदि मेरा वश चलता तो मैं उनके हाथों से पदक छीनकर भाग जाता।

''दौड़ से पहले मैं सामान्यत: अपने कमरे में ही रहता और ध्यान से सोचता रहता। लेकिन इसके बाद मुझे किसी बात में कोई दिलचस्पी नहीं रही। मैंने रोम ज्यादा नहीं देखा। मेरा धैर्य चुक गया था। सालों तक खेलों में अपना सिक्का जमाए रखने के बाद मुझे अपना पतन दिख रहा था। कुछ दिनों तक मैं दु:ख में डूबा रहा। उसी मन:स्थिति को लेकर भारत लौटना खतरनाक होता।'' अत: लौटने के बजाय मिल्खा ने जो किया, वह बहुत अच्छा था। उन्होंने इंग्लैंड, डेनमार्क, स्वीडन और नॉर्वे में आयोजित प्रतियोगिताओं में भाग लिया।

''बंबई लौटने के लिए जब मैं लंदन में विमान में चढ़ा, मुझे भय सताने लगा। मैं अपने देश के लोगों का सामना कैसे करूँगा ? मैंने अपनी निराशा को शराब में डुबो दिया। बंबई पहुँचते-पहुँचते मैं शराब की बेहोशी में था। मुझे खुद पर शर्म आने लगी और मैं किसी का सामना नहीं करना चाहता था। लेकिन तब मैंने स्वयं को किसी तरह सँभाल लिया। बंबई में अनेक प्रेसवाले मौजूद थे। यारों-दोस्तों ने मुझे सांत्वना दी, मेरे ओलंपिक रिकॉर्ड दिखाए। लेकिन मेरी भूल मुझे अंदर-ही-अंदर खाती रही। जिस ऐथलीट को मैंने पहले हराया था, वह कांस्य पदक ले गया और मैं खाली हाथ लौट आया।'' सन् 1958 एशियाड में 200-400 मीटर डबल के अलावा मिल्खा ने चार वर्ष बाद जकार्ता में 400 मीटर दौड़ में भी स्वर्ण जीता।

400 मीटर दौड़ में मिल्खा के समय का रिकॉर्ड किसी भी भारतीय का सर्वोत्कृष्ट रिकॉर्ड बना रहा, जब तक कि रेलवे के परमजीत सिंह ने 4 नवंबर, 1998 को कलकत्ता ओपन नेशनल्स में उसे नहीं तोड़ा। मिल्खा ने चुनौती दी थी कि जो कोई भी उनका रिकॉर्ड तोड़ेगा, सन् 1960 में लाहौर में 200 मीटर दौड़ को 20.7 सेकंड में पूरा करने के रिकॉर्ड को मिलाकर, वह उसे 1,00,000 रुपए का इनाम देंगे। उन्होंने बाद में इस रकम को दोगुना कर दिया। परमजीत सिंह का 45.70 सेकंड का समय इलेक्ट्रॉनिक रूप से रिकॉर्ड किया गया था, जबकि मिल्खा का 45.6 सेकंड का समय हथघड़ी से दर्ज किया गया था। मिल्खा दावा करते हैं कि रिकॉर्ड अभी तक उनके नाम है। दो वर्ष बाद उनके दावे ने एक विवाद खड़ा कर दिया।

मिल्खा का रोम में दर्ज किया गया 45.73 सेकंड का इलेक्ट्रॉनिक समय कोई 'परिवर्तित' समय नहीं है, बल्कि इलेक्ट्रॉनिक घड़ी का समय है। परिवर्तन का मतलब होता 45.74 सेकंड का समय, क्योंकि जब हथघड़ी के हिसाब से समय दर्ज किया जाता है तो प्रथा के अनुसार, उसमें 0.14 सेकंड (100 और 200 मीटर में 0.24) जोड़ दिए जाते हैं, ताकि वह इलेक्ट्रॉनिक समय के बराबर हो जाए। रोम में दर्ज मिल्खा का 'आधिकारिक' समय 45.6 सेकंड था। सन् 1964 तक ओलंपिक्स में आधिकारिक समय-निर्धारण हथघड़ी से किया जाता था, यद्यपि सन् 1932 से

इलेक्ट्रॉनिक टाइमिंग को भी, जहाँ भी यह सुविधा उपलब्ध थी, ओलंपिक नतीजों में 'आधिकारिक' हैंड टाइमिंग के साथ-साथ कोष्ठक में दे दिया जाता था।

इस प्रकार, रोम में मिल्खा का समय 45.6 (45.73) दिया गया है और डेविस का 44.9 (44.07), कॉफमैन का 44.9 (45.08) तथा स्पेंस का समय 45.5 (45.60) दर्ज है। धावन-पथ के मैदान के सांख्यिकीविद् इलेक्ट्रॉनिक टाइमिंग को महत्त्व देते हैं और 400 मीटर दौड़ में भारतीय राष्ट्रीय अंकानुसार मिल्खा का समय 45.73 सेकंड दिया गया था, न कि 45.6 सेकंड; क्योंकि तब रोम में इलेक्ट्रॉनिक घड़ी के अनुसार दर्ज नतीजे उपलब्ध थे।

फिर 17 जुलाई, 2000 को बंगलौर में उनका 200 मीटर का रिकॉर्ड भी अनिल कुमार ने तोड़ दिया। यह बात और है कि भारतीय प्रचार माध्यम का ध्यान इस ओर नहीं गया। फिर भी, एक बात निर्विवाद है कि मिल्खा का कद, उनकी उपलब्धियों का महत्त्व आज भी उतना ही ऊँचा है। पंजाब सरकार में कुछ समय तक खेल निदेशक के पद पर रहने के बाद अब वह चंडीगढ़ में अपनी सेवानिवृत्ति के उपरांत सुखी एवं संतुष्ट जीवन व्यतीत कर रहे हैं। उनके पुत्र चिरंजीव 'जीव' मिल्खा सिंह भारत के एक अग्रणी गोल्फ खिलाड़ी हैं। फ्लाइंग सिख की जुझारू प्रवृत्ति अगली पीढ़ी में जीवित है।

□

मिल्खा सिंह अपने पुत्र चिरंजीव के साथ

बहुमुखी प्रतिभा-संपन्न व्यक्तित्व

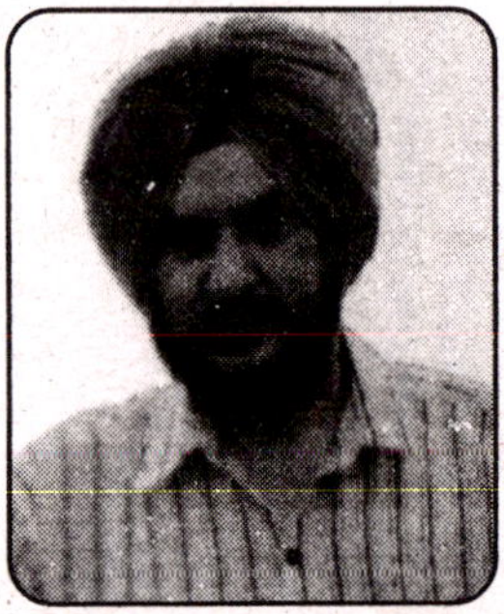

गुरबचन सिंह रंधावा भारत के संभवत: सर्वाधिक प्रतिभावान्, बहुमुखी योग्यता रखनेवाले ऐथलीट थे, जो कई तरह की 'ट्रैक एंड फील्ड' (पटरी एवं मैदानी) प्रतियोगिताओं में अपना श्रेष्ठ प्रदर्शन करने में माहिर थे। रंधावा ने आरंभ से ही स्कूल और कॉलेज स्तर पर आयोजित अनेक खेल कार्यक्रमों एवं प्रतियोगिताओं में विजयी होकर अपनी श्रेष्ठता साबित कर दी थी। वह पंजाब विश्वविद्यालय के सर्वश्रेष्ठ ऐथलीट थे; वह बाधा-दौड़, ऊँची-कूद और अन्य अनेक प्रतियोगिताओं में सबसे आगे थे। लेकिन एक प्रशिक्षक (कोच) की सलाह पर उन्होंने 'डिकैथलॉन' (ऐसा खेल कार्यक्रम, जिसमें प्रतियोगियों को दस खेलों में भाग लेना पड़ता है) पर पूरा ध्यान देने का निर्णय किया। रंधावा को पहली बार राष्ट्रीय सफलता इक्कीस वर्ष की उम्र में प्राप्त हुई। सन् 1960 में दिल्ली राष्ट्रीय खेल प्रतियोगिताओं में उन्होंने 5,793 अंक प्राप्त करके डॉ. सी.एम. मुथैया का डिकैथलॉन राष्ट्रीय रिकॉर्ड तोड़ दिया। उन्होंने दो दिनों में राष्ट्रीय प्रतियोगिताओं में ऊँची-कूद, भाला-फेंक और 110 मीटर की बाधा-दौड़ जीतकर उल्लेखनीय श्रेष्ठता का परिचय दिया और चार राष्ट्रीय रिकॉर्ड तोड़े।

1962-जकार्ता एशियन गेम्स में रंधावा ने दस कड़ी प्रतियोगिताओंवाले डिकैथलॉन में खुद को महाद्वीप में सर्वश्रेष्ठ साबित कर दिखाया। उन्होंने 6,739 अंकों के साथ स्वर्ण पदक प्राप्त किया और जापान के शौसुके सुजुकी को 550 अंक पीछे होने के कारण रजत पदक मिला। बाद में रंधावा ने 6,912 अंक प्राप्त करके ऐसा राष्ट्रीय रिकॉर्ड बनाया, जो दस वर्षों तक अटूट बना रहा। जकार्ता में वह 110

गुरबचन सिंह रंधावा
जन्म : 6 जून, 1939,
गाँव नांगली (जिला अमृतसर, पंजाब)।

ओलंपिक्स :
1960 (रोम)
1964 (तोक्यो)।

मीटर बाधा-दौड़ और बरछा फेंक प्रतियोगिता में अंतिम दौर तक पहुँचने में सफल हुए और दोनों में पाँचवें स्थान पर रहे। जकार्ता में कंधे में चोट आने के कारण उन्हें डिकैथलॉन छोड़कर बाधा-दौड़ पर ध्यान केंद्रित करना पड़ा। तैयारी करने की कला सिखाने का श्रेय वह हंगरी के कोच जोजफ कोवैक्स को देते हैं, जो राष्ट्रीय खेल-

कूद संस्थान, पटियाला में अतिथि प्रशिक्षक की हैसियत से थे।

चार वर्ष पहले मिल्खा सिंह की भाँति रंधावा को भी सन् 1964 तोक्यो ओलंपिक्स के पूर्व यूरोप में व्यापक रूप से प्रतियोगिताओं में भाग लेने का अवसर दिया गया, जिससे उनकी व्यक्तिगत क्षमता और आत्मविश्वास में काफी वृद्धि हुई। तोक्यो में रंधावा को भारतीय दल का ध्वजवाहक बनने का सम्मान प्रदान किया गया। रंधावा को अच्छी तरह याद है, "अक्तूबर में तोक्यो में काफी बरसात हुई। हम दुआ कर रहे थे कि मौसम अच्छा हो जाए, क्योंकि दौड़ की पटरी राख की थी। लेकिन भारी बारिश के बावजूद उसमें कोई फर्क नहीं पड़ा, धावन-पथ कड़ा ही बना रहा।"

110 मीटर बाधा-दौड़ के लिए प्रतियोगिताओं की जबरदस्त कतार थी। 23 देशों से 37 प्रतियोगी आए हुए थे, जो 18 अक्तूबर को होनेवाले अंतिम दौर में आठ स्थानों के लिए स्पर्धा कर रहे थे। लेकिन अग्रवर्ती धावकों में से एक विली डेवनपोर्ट को सेमीफाइनल में पैर में चोट आ जाने के कारण प्रतियोगिता से बाहर होना पड़ा। उसने यू.एस. ओलंपिक्स अभ्यास प्रतियोगिता जीती थी। सन् 1968 में वह स्वर्ण पदक पाने में कामयाब हुआ। फाइनल में भिड़नेवालों का चयन करने के लिए पाँच प्रारंभिक प्रतियोगिताएँ रखी गई थीं, प्रत्येक से तीन लिये जाने थे और हारनेवालों में सबसे तेज की सेमीफाइनल स्पर्धाओं में जाना था।

रंधावा अपनीवाली प्रतियोगिता में चौथी लेन में थे, जो एक तरह से अच्छा था; क्योंकि वह अपनी दोनों ओर के प्रतिद्वंद्वियों पर नजर रख सकते थे। रंधावा याद करके बताते हैं—"मुझमें मूल गति की कमी थी, जिसके कारण मेरी शुरुआत अच्छी नहीं होती थी। मेरी उड़ान अपेक्षाकृत धीमी थी। लेकिन भिन्न-भिन्न प्रतियोगिताओं में मेरे आरंभिक प्रशिक्षण से मेरी सहन-शक्ति और मेरे दमखम में बहुत इजाफा हुआ था। उससे मुझे बहुत मदद मिली। मैंने पाँचवीं और आठवीं बाधा के बीच काफी दूरी तय कर ली और मैं अमरीका के हाइस जोंस और फ्रांस के मार्सेल ड्यूरेज के लगभग करीब आ गया। 14.3 सेकंड का समय लेकर मैं चौथे स्थान पर रहा। लेकिन मेरी कष्टकर प्रतीक्षा समाप्त हो गई, जब यह घोषणा की गई कि हारनेवालों में सबसे तेज होने के कारण सेमीफाइनल स्पर्धाओं के लिए मेरा चयन हो गया है।"

सेमीफाइनल में रंधावा के विरुद्ध इंग्लैंड का जॉन पार्कर, ड्यूरेज, ऐनातोली मिखेलोव (सोवियत संघ), जार्जियो माज्जा (इटली), लजारो बेट्नाकोर्ट (क्यूबा), डेवनपोर्ट (यू.एस.) और वेलेंटाइन चिस्त्याकोव (सोवियत संघ) था। लिए गए समय के हिसाब से वह अपने तीन प्रतियोगियों से आगे थे और उन्हें फाइनल में जाने

का पूरा विश्वास था। चिस्त्याकोव ने गन को दो बार लाँघा और उन्हें अयोग्य घोषित कर दिया गया। रंधावा के बताए अनुसार, ''यह एक मुश्किल दौड़ थी। मेरी खुशी का ठिकाना नहीं रहा, जब मैंने बड़े स्कोर बोर्ड पर देखा कि मैंने दूसरा स्थान प्राप्त किया है और 14 सेकंड की टाइमिंग के हिसाब से यह मेरा सबसे बेहतरीन व्यक्तिगत रिकॉर्ड होने के साथ-साथ एक राष्ट्रीय रिकॉर्ड भी है।'' अंतिम मुकाबला 45 मिनट बाद होना था। इतना समय काफी था मालिश और थोड़े आराम के लिए।

अंतिम दौर यानी फाइनल में दो अमरीकी थे, एक रूसी, एक फ्रांस का, तीन इतालवी (जो ऊँची बाधा-दौड़ में अमरीकियों से आगे निकलने की होड़ में थे) और केवल एक भारतीय था। रंधावा के कथनानुसार, ''जब एक बार कदम बढ़ गया तो बाकी सबकुछ पीछे रह जाता है। मेरी शुरुआत फिर धीमी गति से हुई; लेकिन मैं सहज ही ड्यूरेज से आगे निकल गया। आगे-आगे इटली के माज्जा और जियोवानी कॉर्नेशिया संघर्ष कर रहे थे। ड्यूरेज अंतिम बाधा पर लड़खड़ा गया और मुझे कुछ फायदा हो गया; फीते तक पहुँचते-पहुँचते मैं उसे पकड़ने में कामयाब रहा।''

अमरीका के हाइस जोंस और बलेन लिंडग्रेन पूरी दौड़ में लगभग बराबरी पर थे। लेकिन लिंडग्रेन ने बहुत जल्दी झुकाव ले लिया और फीते तक पहुँचकर झोल खा गया। जोंस 13.6 सेकंड के समय में जीत गया। यह मार्टिन लाउर और ली केलहौन दोनों के 13.2 सेकंड के विश्व रिकॉर्ड से नीचे था। लिंडग्रेन 13.7 सेकंड का समय लेकर दूसरे स्थान पर आया। मिखेलोव तीसरे स्थान पर रहा, हालाँकि उसका समय भी रजत पदक जीतनेवाले के समय के बराबर 13.7 सेकंड था। इटली का एड्डी ओटोज 13.8 सेकंड का समय लेकर चौथे स्थान पर रहा। चार वर्ष बाद उसने कांस्य पदक जीता।

जहाँ तक रंधावा का संबंध है, उनका कहना है—''मैं अभी अपने प्रयास से सँभल भी नहीं पाया था कि मेरी नजर स्कोर बोर्ड पर पड़ी। उस पर प्रकाश हुआ, लेकिन जल्दी ही बत्तियाँ बुझ गईं। जब दोबारा बोर्ड पर प्रकाश हुआ, मेरा नाम चौथे स्थान पर था। बत्ती फिर बुझ गई। पुनः विद्युत् प्रकाश हुआ और मैंने अपना नाम पाँचवें स्थान पर पाया। समय 14 सेकंड था।'' रंधावा के बाद ड्यूरेज (उसका भी समय 14 सेकंड), फिर कोर्नेशिया और माज्जा (दोनों का समय 14.1 सेकंड) के नाम थे। इससे पता चलता है कि कितने निकट का मुकाबला था।

''मुझे कोई दुःख नहीं है।'' कई साल बाद तोक्यो की याद करके रंधावा का कहना है—''हो सकता है, मैं 14 सेकंड का गतिरोध तोड़ देता। जीवन में मैंने भी खराब समय देखा है। लेकिन मैं आपको बताना चाहता हूँ कि तोक्यो में भाग्य ने मेरा

साथ दिया, तभी तो मैं हारे हुओं में सबसे तेज होने के कारण सेमीफाइनल में प्रवेश पा सका।" रंधावा का परिवार स्पोर्ट्स में दिलचस्पी रखनेवाला परिवार है। उनके पिता पंजाब में एक जाने-माने ऐथलीट थे और उनके पुत्र रंजीत ने अपने पिता का अनुकरण किया और '90 के दशक में वह भी बाधा-दौड़ में भाग लेते रहे।

मिल्खा सिंह के रिकॉर्ड की तरह रंधावा का रिकॉर्ड भी समय की कसौटी पर खरा उतरा। 40 वर्ष का समय गुजर जाने के बाद भी कोई भारतीय धावक 14 सेकंड के बैरियर को तोड़ नहीं पाया है। डिकैथलॉन में उनका राष्ट्रीय रिकॉर्ड 12 साल बाद टूटा और वह भी उनके ही एक शिष्य विजय सिंह चौहान ने तोड़ा। एक आम धारणा है कि यदि उनके समय में सुविधाएँ बेहतर होतीं तो रंधावा डिकैथलॉन में विश्व की ऊँचाइयों को छू सकते थे। रंधावा ने राष्ट्रीय स्तर पर जो कीर्तिमान स्थापित किए, वे इस प्रकार हैं—डिकैथलॉन : 6,912 अंक; 110 मीटर की बाधा दौड़ : 14.0 सेकंड; लंबी कूद : 24 फीट 4.5 इंच; भाला फेंक : 210 फीट; ऊँची कूद : 6 फीट 7 इंच। वास्तव में वह सर्वतोमुखी प्रतिभा के ज्वलंत उदाहरण हैं।

□

आदर्श-स्थापक

मॉन्ट्रियल ओलंपिक्स को अमरीका में टी.वी. पर जीवंत देखते हुए मैं अभी तक कमेंटेटर के उन शब्दों को याद कर सकता हूँ, जो उसने 800 मीटर दौड़ के आरंभ में कहे थे, ''यह मामूली भारतीय 800 मीटर की दौड़ 100 मीटर की तरह दौड़ता है।'' वह 'मामूली भारतीय' था। श्रीराम सिंह और वे शब्द भविष्यवाणी सिद्ध हुए। लेकिन फाइनल तक पहुँचने के लिए श्रीराम को लगातार दो दिनों में दो दौड़ों में शामिल होना पड़ा। 23 जुलाई को पहली दौड़ प्रतियोगिता में उन्होंने 1 मिनट 45.8 सेकंड का समय लेकर एक राष्ट्रीय रिकॉर्ड बनाया और रिक वोल्हूटर के बाद दूसरा स्थान प्राप्त किया। इसके साथ ही वह सेमीफाइनल में पहुँच गए। यहाँ उनका समय 1 मिनट 46.2 सेकंड दर्ज हुआ और उनका फाइनल में जाना निश्चित हो गया। अंतिम प्रतियोगिता, अर्थात् फाइनल अगले दिन (25 जुलाई) होना था—50 घंटों के अंदर तीन दौड़-प्रतियोगिताएँ।

ओलंपिक इतिहास में यह तब तक की सबसे बड़ी 800 मीटर दौड़-प्रतियोगिता थी, जिसमें शामिल प्रतियोगी एक-से-एक बढ़कर थे। अमरीका का वोल्हूटर सबकी पसंद था। वर्ष का वह सबसे तेज धावक था (समय—1 मिनट 44.8 सेकंड)। समय के हिसाब से दूसरे स्थान पर था क्यूबा का अलबर्टो जुआंतोरेना डेंजर। लेकिन इस तथ्य के बावजूद कि वह 400 मीटर दौड़ के लिए (जिसमें तीन वर्ष बाद उसने स्वर्ण पदक जीता) पसंदीदा प्रत्याशी था। उसे लंबी दूरी तय करने का कोई विशेष अनुभव नहीं था।

इनके अलावा दो बड़े नामों में से एक था बेल्जियम का इवो वान डमे और

दूसरा ब्रिटेन का स्टीव ऑवेट, जिसने चार वर्ष बाद मास्को में स्वर्ण पदक प्राप्त किया। केन्या के माइक बोइट का भी नाम था, लेकिन अफ्रीकी राष्ट्रों द्वारा बहिष्कार के कारण उसे प्रतियोगिता से बाहर होना पड़ा। बंदूक की आवाज के साथ ही श्रीराम अपने ब्लाकों से बिजली की तरह निकले। वह तड़ित गति को बनाए रखने की कोशिश में दौड़ के मैदान को तीर की तरह चीरते हुए जा रहे थे।

पहले चक्कर में वह आगे रहे। वह बताते हैं—''यह मेरा सबसे तीव्र चक्कर था। इतना तेज मैं पहले कभी नहीं दौड़ा। पर मेरे पास कोई विकल्प नहीं था। यदि मैं अपनी गति कुछ धीमी रखता तो तेज दौड़नेवालों ने मुझे सीधे ही पछाड़ दिया होता।'' कभी भी अच्छी शुरुआत न करनेवाला जुआंतोरेना 500 मीटर के निशान तक पहुँचते-पहुँचते श्रीराम के बराबर आ गया। आधी दूरी के निशान पर श्रीराम का समय 50.85 और जुआंतोरेना का 50.90 दर्ज हुआ था। घंटी बजने पर वे बिल्कुल बराबर थे, लेकिन अंतिम मोड़ के करीब क्यूबा का धावक आगे निकल गया और फिर उसके बाद कोई उसके आस-पास भी नहीं था। वोल्हूटर और उम्मे उसके अंतिम किक की बराबरी नहीं कर सके, क्योंकि उसने आखिरी 100 मीटर की दूरी अत्यंत तीव्र गति से 11.9 में पूरी की। अत: इसमें कोई हैरानी की बात नहीं है कि उसे 'अल कबैलो' (द हॉर्स अर्थात् अश्व) कहकर पुकारा जाने लगा। जुआंतोरेना का समय 1:43.50 एक विश्व रिकॉर्ड बन गया। उसने पिछले 1:43.70 रिकॉर्ड को तोड़ दिया था। वान उम्मे 1:43.86 के साथ दूसरे स्थान पर रहा और वाल्हूटर को

कोच इलियास बाबर के साथ।

सन् 1976 मॉन्ट्रियल आलंपिक्स में 800 मीटर दौड़ के अंतिम क्षणों का चित्र, श्रीराम नहीं दिख रहे हैं।

1:44.12 में कांस्य पदक प्राप्त हुआ। श्रीराम को सातवाँ स्थान मिला। विली वुल्बेक, ओवैट और लूसियानो सुसंजी उससे आगे रहे। लेकिन उसका समय 1:45.77 आज भी राष्ट्रीय रिकॉर्ड बना हुआ है और 1994 तक यह एशियाई रिकॉर्ड था। श्रीराम उस महादौड़ के अंतिम क्षणों को याद करते हुए कहते हैं—"घरेलू मैदान पर तो फिर भी कुछ गुंजाइश हो सकती थी। लेकिन तब मेरी हिम्मत पूरी तरह जवाब दे चुकी थी। लड़खड़ाते हुए मैं सातवें स्थान तक पहुँच पाया। लेकिन इससे पहले कि मैं निराशा और थकान से उबर पाता, जुआंतोरेना मुझसे लिपट गया। उसने तेज गति के लिए मुझे धन्यवाद दिया और विश्व रिकॉर्ड बनाने के साथ-साथ उसने स्वर्ण पदक भी प्राप्त किया।"

कुछेक सप्ताह के बाद ही—2 सितंबर को—दोनों एक बार फिर इसी तरह की दौड़ में मिले, डसेल्डॉर्फ में आयोजित विश्व कप प्रतियोगिता के अवसर पर। एशिया के लिए दौड़ते हुए श्रीराम आरंभ में (52.3) फिर आगे थे और अंतिम मोड़ के आस-पास उन्हें पहले की तरह ही जुआंतोरेना को रास्ता देना पड़ा। लेकिन इस बार बोइट भी उनके मुकाबले में था। अफ्रीकी धावक अंत तक क्यूबा के धावक के लिए चुनौती बना रहा और 1:44.14 का समय लेकर दूसरे स्थान पर रहा। जुआंतोरेना का समय 1:44.04 रहा और वह प्रथम आया। आरंभ में गति प्रदान करने का काम एक बार फिर 'छोटे भारतीय' ने किया। निस्संदेह 'द हॉर्स' के उपनाम से विख्यात वह धावक, जो आज क्यूबा के खेल विभाग में एक उच्च अधिकारी है, भारतीय खेल पत्रकारों से भेंट होने पर श्रीराम के बारे में अवश्य पूछता है।

दुर्भाग्य से, भारतीय खेल जगत् का इतिहास हमेशा से 'क्या और क्यों' जैसे सवालों के घेरे में रहा है और उसके चलते श्रीराम के ओलंपिक प्रयास के बाद स्थिति में इतना ही बदलाव आया कि सन् 1974 के तेहरान एशियाई खेलों के समय से वह केवल दूसरी बार कृत्रिम मैदान पर दौड़ रहे थे। जिस समय विश्व के शीर्षस्थ धावक यूरोप और अमरीका में ओलंपिक्स के लिए जबरदस्त तैयारी में लगे हुए थे, श्रीराम घर वापस आकर बारिश के रुकने की प्रतीक्षा कर रहे थे। बीच-बीच में जब भी समय मिलता और मौसम मेहरबान होता तो वह राजधानी के धसान भरे और घासवाले मैदानों का उपयोग कर लेते। श्रीराम सिंह को जानने के लिए हमें उनके कोच इलियास बाबर की भूमिका का भी विशेष उल्लेख करना होगा, जिसे वह आदर से 'गुरुजी' कहते हैं। श्रीराम का कहना है कि मॉन्ट्रियल में 'गुरुजी' की मौजूदगी वास्तव में उनके लिए प्रेरणाप्रद साबित हुई और वह विश्व स्तर तक उठ सके।

श्रीराम सिंह
जन्म : 14 नवंबर, 1948; बड़नगर (राजस्थान)

ओलंपिक्स :
1972 (म्यूनिख)
1976 (मॉन्ट्रियल)
1980 (मास्को)

बाबर शासकीय दल के सदस्य नहीं थे। लेकिन उन्होंने पैसा उधार लेकर मॉन्ट्रियल जाने का हवाई टिकट खरीदा, ताकि वह अपने सबसे प्रिय शिष्य के गौरवपूर्ण क्षणों में उसके साथ हो सके। श्रीराम ने राजपूताना राइफल्स के सैनिक स्तर से तरक्की की थी। उन्होंने सन् 1968 में अपना ऐथलेटिक जीवन शुरू किया। आरंभ में वह एक तेज धावक थे। बाबर ने ही उन्हें सुझाव दिया कि उसे 400 मीटर और फिर 800 मीटर दौड़ का प्रयास करना चाहिए। इस दूरी के लिए उन्होंने सन् 1969 से 1980 तक राष्ट्रीय खिताब जीता।

श्रीराम ने सन् 1970 के बैंकॉक एशियाई खेलों में 800 मीटर दौड़ में रजत पदक प्राप्त किया। चार साल बाद तेहरान में उन्होंने 1:47.6 के रिकॉर्ड समय में यह दूरी तय करके एशियन गेम्स का स्वर्ण पदक जीता। सन् 1975 में सियोल में

आयोजित ट्रैक और फील्ड चैंपियनशिप में उन्होंने 400 मीटर, 800 मीटर दौड़ और 4×400 रिले दौड़ में स्वर्ण प्राप्त किया। सन् 1978 बैंकॉक एशियाड में फिर उन्हें स्वर्ण पदक मिला।

सियोल में उनके प्रदर्शन को देखकर बाबर को पूरा यकीन हो गया कि श्रीराम को अब और ऊँचे स्तर की प्रतियोगिताओं में भाग लेना होगा।

''मैं तुमको सन् 1976 के ओलंपिक्स के लिए तैयारी कराऊँगा। यदि तुमने कड़ी मेहनत की तो तुम न केवल फाइनल तक पहुँचोगे, बल्कि भारत के लिए कोई पदक भी जीतकर ला सकोगे। प्रिकार्ड के बाद कोई भारतीय ऐसी सफलता नहीं पा सका है।'' उन्होंने श्रीराम को बताया। दोनों उस सपने को साकार करने की योजना बनाने में जुट गए। दमे का एक आघात सहने के बावजूद श्रीराम चयन के लिए निर्धारित 1 मिनट 48 सेकंड की समयावधि की कसौटी को पार कर गए और मॉन्ट्रियल पहुँच गए। बाकी सारी कहानी इतिहास बन चुकी है।

बैंकॉक में उनकी ऊँची उड़ान के श्रीगणेश और तेहरान में उनकी पहली बड़ी सफलता के बीच सन् 1972 में म्यूनिख ओलंपिक्स आ गया। यहाँ उन्होंने बर्मा के जिमी क्रॉम्पटन को हराया, जिसने बैंकॉक में उन्हें स्वर्ण पदक से वंचित रखा था। श्रीराम ने म्यूनिख में 1:47.7 का एशियन रिकॉर्ड स्थापित किया, जो क्रॉम्पटन द्वारा सन् 1970 में बैंकॉक में बनाए गए रिकॉर्ड समय 1:47.9 से बेहतर था। उन्होंने सन् 1974 में तेहरान में थोड़ा और सुधार किया तथा 1:47.6 का समय दर्ज कराकर बाजी जीत की। श्रीराम और उनके कोच दोनों को सन् 1978 में अंतरराष्ट्रीय ख्याति प्राप्त हुई, जब उन्हें 'एशिया का सर्वश्रेष्ठ ऐथलीट' और उनके प्रशिक्षक को 'एशिया का सर्वश्रेष्ठ कोच' घोषित किया गया। इसके साथ ही दोनों को 'एडिदास गोल्डन शू' पुरस्कार भी मिला।

□

मिल्खा सिंह तृतीय एशियाई खेल-प्रतियोगिता (सन् 1958) में 200 मीटर तेज दौड़ के लिए स्वर्ण पदक प्राप्त करते हुए।

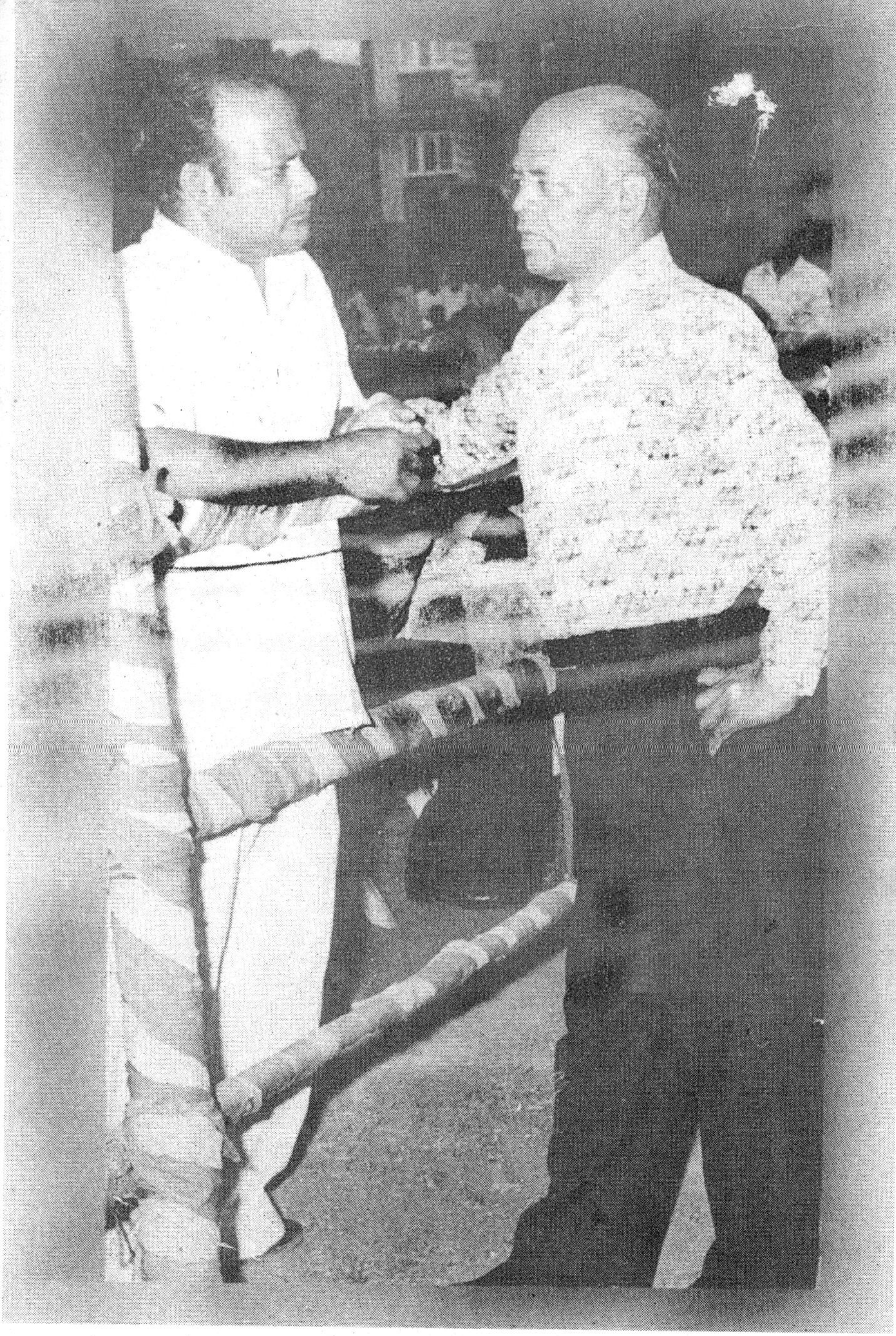

विशंभर के साथ के.डी. जाधव।

जरा हट के

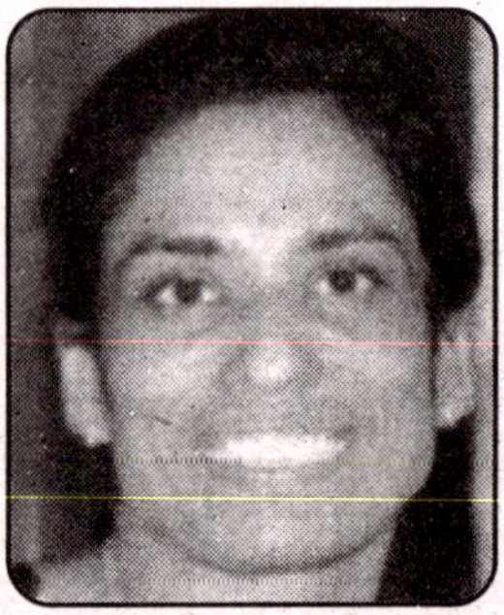

'70 और '80 के दशक में केरल राज्य ने पूर्ण साक्षरता एवं महिलाओं के खेल-कूद, व्यायाम तथा दौड़-प्रतियोगिताओं (ऐथलेटिक्स) के क्षेत्र में व्यापक अभियान छेड़कर क्रांति मचा दी। यह स्वर्णिम युग था, जब एम.डी. वलसम्मा, शायनी अब्राहम, पी.टी. उषा तथा उन्हीं जैसी अन्य तारिकाओं ने भारत को एशियाई ट्रैक एवं फील्ड प्रतियोगिताओं में अपना प्रभुत्व जमाने का अवसर प्रदान किया, जो पहले कभी नहीं हुआ था। और उन सबमें उषा का विशिष्ट स्थान है, जिन्होंने देश की सर्वश्रेष्ठ महिला खिलाड़ी होने का गौरव प्राप्त किया। पयोली नाम के एक छोटे से गाँव से निकलकर लॉस एंजिलिस जैसे विशाल एवं अत्याधुनिक शहर में कदम रखने की यह एक लंबी कहानी है। लेकिन इस यात्रा को पूरा करने में उषा को दस वर्ष से कुछ ही कम समय लगा।

उषा तब बारह वर्ष की थीं जब सन् 1976 में उन्होंने अपना खेल-जीवन शुरू किया। वह केरल राज्य खेल परिषद् द्वारा कन्नूर में आरंभ की गई खेल विभाग की योजना में दाखिल हो गईं और वहाँ तीन वर्ष के दौरान ओ.एम. नांबियार के संरक्षण में प्रशिक्षण प्राप्त किया। उषा के लब्धप्रतिष्ठ जीवन में मार्गदर्शन प्रदान करने के लिए वह हमेशा उनके साथ रहा। उनके माता-पिता तो शायद नहीं चाहते थे, लेकिन उनके चाचा टी.वी. श्रीधरन ने उन्हें उषा को कन्नूर के स्पोर्ट्स स्कूल में भेजने के लिए राजी कर लिया, जो उनके गाँव पयोली से 100 कि.मी. दूर था। इस योजना का उद्देश्य यह था कि ऐथलेटिक क्षमता रखनेवाली लड़कियों को स्पोर्ट्स में विशेष प्रशिक्षण दिया जाए और उनकी औपचारिक शिक्षा की भी उपेक्षा न हो। अपने समय

की यह एक बड़ी परिवर्तनकारी योजना थी, जिसकी अगुआई केरल राज्य सरकार कर रही थी। उषा ने सभी चयनात्मक परीक्षाएँ आसानी से उत्तीर्ण कर लीं।

ऐसी अनेक प्रतियोगिताएँ थीं, जिनमें स्पोर्ट्स विभाग की टीम ने हिस्सा लिया। अक्तूबर से दिसंबर 1977 तक के अति व्यस्त समय में उषा ने करीब 12 स्पर्धाओं, लगभग 60 खेल-कार्यक्रमों में भाग लिया और 50 पदक जीते। वर्षों बाद भारतीय ऐथलेटिक्स की ध्वज-वाहक बन जाने पर उन्हें अंतरराष्ट्रीय स्तर पर कड़े अभ्यास और परीक्षण के दौर से गुजरना पड़ा। राष्ट्रीय स्तर पर उषा ने पहली बार सन् 1978 में त्रिवेंद्रम में आयोजित राष्ट्रीय विद्यालय खेलों में भाग लिया, जहाँ उन्हें दो बार गन लाँघने के कारण अयोग्य घोषित कर दिए जाने के बाद दुबारा 100 मीटर दौड़ के फाइनल में शामिल कर लिया गया और दौड़ दुबारा की गई। उषा ने 13.0 सेकंड का समय लेकर नया रिकॉर्ड स्थापित किया और स्वर्ण पदक जीता। उन्होंने 200 मीटर दौड़ में भी स्वर्ण प्राप्त किया और जूनियर एवं सीनियर लड़कियों की दोनों 4×100 मीटर रिले दौड़ में भी केरल को विजय दिलाई। उन्हें लडकियों की 'सर्वश्रेष्ठ जूनियर' ट्रॉफी प्रदान की गई, जिसकी वह सही हकदार थीं।

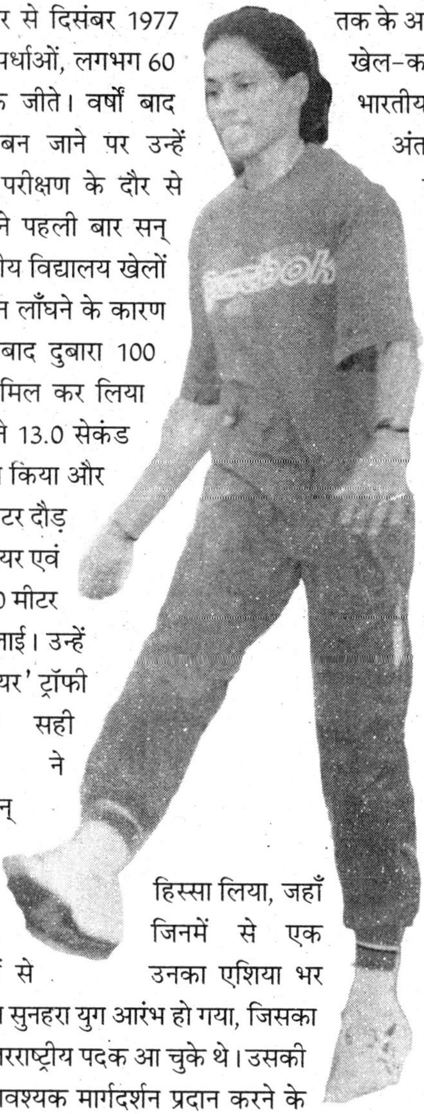

उषा ने अंतरराष्ट्रीय स्तर पर पहली बार सन् 1980 में, कराची में आयोजित पाकिस्तान नेशनल गेम्स में हिस्सा लिया, जहाँ उन्होंने चार स्वर्ण पदक जीते, जिनमें से एक दोहरी तेज दौड़ के लिए था। यहीं से उनका एशिया भर में खेल के क्षेत्र में अग्रदूत बनने का सुनहरा युग आरंभ हो गया, जिसका अंत होने तक उसकी झोली में 50 अंतरराष्ट्रीय पदक आ चुके थे। उसकी प्रगति को देखने-परखने और आवश्यक मार्गदर्शन प्रदान करने के लिए नांबियार हमेशा उनके साथ रहते थे। उन्होंने नई दिल्ली एशियन गेम्स-1982 में उनकी सफलता की

पी.टी. (पिलवुल्लाकेंडी थेकेपरंबिल) उषा

जन्म

कूठली

(जिला कोझिकोड, केरल)

20 मई, 1964;

ओलंपिक्स :

1980 (मास्को)

1984 (लॉस एंजिलिस)

1988 (सियोल)

1996 (अटलांटा)

पी.टी. उषा : 25 जुलाई, 2000 को अंतरराष्ट्रीय खेल-जगत् से संन्यास की घोषणा करते हुए।

भविष्यवाणी की और उषा ने 100 मीटर तथा 200 मीटर दोनों दौड़ों में रजत पदक हासिल करके उस भविष्यवाणी को सच कर दिखाया। फिलिपींस की लिडिया डि वेगा ने 11.76 सेकंड का समय लेकर 100 मीटर दौड़ में स्वर्ण पदक प्राप्त किया, जबकि उषा का समय 11.95 सेकंड था। 200 मीटर में स्वर्ण जापान की हिरोमी इसोजाकी को मिला, जिसने यह दूरी 24.22 सेकंड में तय की थी, जबकि उषा ने 24.32 सेकंड का समय लिया था। एशियन स्तर पर उन्होंने फिर कभी दूसरे स्थान से समझौता नहीं किया।

तत्पश्चात् नांबियार और उषा ने अपना सारा ध्यान दो वर्ष बाद लॉस एंजिलिस में होनेवाले ओलंपिक खेलों पर केंद्रित कर दिया। उन्हें पहला महत्त्वपूर्ण अंतरराष्ट्रीय स्वर्ण पदक ओलंपिक से पहले सन् 1983 में कुवैत में आयोजित 400 मीटर एशियन ट्रैक एवं फील्ड मुकाबले में प्राप्त हुआ। लेकिन दिल्ली से पूर्व मास्को का खेल-कार्यक्रम आ गया। वहाँ उन्होंने पहली बार ओलंपिक जैसे वातावरण का अनुभव किया। उषा की साँस फूली हुई थी और वह 100 मीटर

की पहली प्रतियोगिता में सात में से छठे स्थान पर आईं। यह कोई आश्चर्य की बात नहीं थी। ओलंपिक रिकॉर्ड 11.01 सेकंड का था, विश्व रिकॉर्ड था 10.87 सेकंड। और उस अवस्था में उषा का सर्वश्रेष्ठ प्रयास या समय 12.18 सेकंड था। उनके 12.27 सेकंड के समय का मतलब था कि कुल मिलाकर क्रम-निर्धारण में वह 39 में से 31 वें स्थान पर थीं। 200 मीटर में भी स्थिति कुछ अलग नहीं थी, क्योंकि 35 प्रतियोगियों में वह 27वें स्थान पर रहीं। पहले मुकाबले में उसने 25.16 सेकंड का समय लिया, जिसके कारण वह बाहर हो गईं। लेकिन उन्होंने विश्व के श्रेष्ठतम धावकों के साथ और उनके विरुद्ध दौड़ने में जो अनुभव उन्होंने प्राप्त किया, वह अनुभव आगामी वर्षों में उनके लिए अमूल्य साबित हुआ। मास्को से लौटने के बाद उषा के पाँव में चोट लग गई थी, जिसे ठीक होने में कुछ माह लगे। पतले-दुबले नाजुक शरीर और अंदर से फौलाद जैसी मजबूती रखनेवाली इस महिला खिलाड़ी को अपने लंबे और गौरवशाली जीवन में बार-बार चोटों का सामना करना पड़ा।

सन् 1983 में हेलसिंकी में आयोजित विश्व चैंपियनशिप प्रतियोगिताओं में 100 मीटर, 200 मीटर और 400 मीटर के विजेताओं द्वारा दर्ज कराए गए समय ने ही उषा को अगले वर्ष लॉस एंजिलिस में होनेवाली 400 मीटर बाधा-दौड़ पर ध्यान केंद्रित करने के लिए प्रेरित किया। यह पहली बार था कि ओलंपिक्स में महिलाओं के लिए दौड़ का आयोजन किया जानेवाला था और उषा को ऐसी स्पर्धा में भाग लेने का सीमित अनुभव प्राप्त था। इस दौड़ का आयोजन सन् 1982 एशियाड में हुआ था, जहाँ वलसम्मा ने स्वर्ण पदक हासिल किया। यह पहला और एक ही अवसर था जब उसने पी.टी. उषा को बहुत पीछे छोड़ दिया था। सोवियत संघ के नेतृत्व में लॉस एंजिलिस ओलंपिक्स का बहिष्कार उषा के लिए भाग्य का खुला द्वार साबित हुआ। इन तेज-तर्रार ऐथलीटों की गैर-मौजूदगी के कारण कमजोर हुए अनेक मुकाबलों में 400 मीटर बाधा-दौड़ भी थी, क्योंकि वर्ष के छह श्रेष्ठतम धावक बहिष्कार का हिस्सा बने हुए थे। उषा दौड़ के मैदान में अब कुछ बड़ा करने जा रही हैं, इस बात के संकेत नई दिल्ली में आयोजित ओलंपिक अभ्यास-प्रतियोगिताओं में उनके प्रदर्शन से मिलने लगे थे, जहाँ उन्होंने 55.7 सेकंड के विश्व-स्तरीय समय के साथ वलसम्मा को चकाचौंध कर दिया था। उस स्पर्धा में यह इतना शानदार प्रदर्शन था कि विश्व भर में ऐथलेटिक्स विशेषज्ञ दर्ज किए गए समय की वास्तविकता या प्रामाणिकता को मानने के लिए तैयार नहीं थे।

आशा की जा रही थी कि अमरीका की जूडी ब्राउन स्वर्ण पदक जीत लेगी। लेकिन उषा ने इंगिलवुड, कैलिफोर्निया में ऑस्ट्रेलिया के डेबी फ्लिंटॉफ (विश्व की सबसे तेज धावकों में से एक) को 55.9 सेकंड में हराकर दौड़ जीत ली थी और अपनी बढ़िया तैयारी का परिचय दे दिया था। उषा की पहली आरंभिक दौड़ से पहले 5 अगस्त को शायनी अब्राहम ऐसी पहली भारतीय महिला बन गईं जो किसी ओलंपिक दौड़—800 मीटर—के सेमीफाइनल में पहुँची थीं। ओलंपिक में महिलाओं के लिए जब पहली बार 400 मीटर बाधा-दौड़ का आयोजन किया गया, तब सबकी आँखें उषा पर टिकी हुई थीं। चूँकि यह एक नई प्रतियोगिता थी, इसलिए आरंभिक दौड़ में जो भी विजयी होता, उसका ओलंपिक रिकॉर्ड बन जाता। वह रिकॉर्ड जूडी ब्राउन के नाम रहा, जिसने 55.97 सेकंड का समय लिया, जबकि उषा का रिकॉर्ड समय 56.81 सेकंड का रहा। लेकिन वह रिकॉर्ड 15 मिनट से ज्यादा कायम नहीं रह सका, क्योंकि स्वीडन की ऐन लुइस स्कॉगलुंड ने चौथी और अंतिम दौड़ 55.75 सेकंड में जीत ली। इसी दौड़ में वलसम्मा पाँचवें स्थान पर रहीं।

दूसरा सेमीफाइनल उषा के लिए ऐतिहासिक सिद्ध हुआ, जिसे उन्होंने 55.54 सेकंड में जीत लिया। उनकी यह सफलता न केवल एक कॉमनवेल्थ रिकॉर्ड था बल्कि पहली बार किसी भारतीय महिला ने ओलंपिक में कोई प्रारंभिक दौड़ या प्रतियोगिता जीती थी। उषा अंतिम बाधा में ब्राउन और फ्लिंटॉफ से आगे निकल गईं और उनकी इस तेज रफ्तार ने उनके दोनों प्रतिद्वंद्वियों को चकित कर दिया। स्कॉगलुंड ने 55.17 सेकंड के कोई दूसरे ओलंपिक रिकॉर्ड के साथ पहला सेमीफाइनल जीता; जबकि रोमानिया की क्रिस्टीना कोजोकारू भी (55.24 सेकंड) उषा से आगे रही।

उषा ने कहा, "वीडियो स्क्रीन पर दौड़ (सेमीफाइनल प्रतियोगिता) तीन बार दुबारा दिखाई गई और हर बार मुझे एक झुरझुरी-सी महसूस हुई। जूडी ब्राउन जैसी धावक के पीछे से आकर आगे निकलना उसे मजा चखाने जैसा था और मेरा आत्मविश्वास बढ़ गया कि मैं फाइनल में कुछ कर पाऊँगी। पहली पाँच बाधाओं पर कुछ सफलता के साथ मुझे विश्वास हो गया कि मैं 55 सेकंड के आस-पास दौड़ पूरी कर लूँगी। जब मैं क्रीड़ा-स्थल से बाहर आई, मुझे एक पदक मिलने का पूरा भरोसा होने लगा था।" वास्तव में, जब सन् 1960 में मिल्खा सिंह रोम में 400 मीटर दौड़ के फाइनल में पहुँचने में

सफल हुए थे, उसके बाद से कोई भी भारतीय ऐथलीट उस स्तर तक नहीं पहुँच पाया था कि भारत एक पदक की भी उम्मीद कर पाता। उषा ने देखा कि विश्व भर के खेल-जगत् से संबंधित प्रचार माध्यम और स्वयं ब्राउन की दृष्टि भी अचानक उस पर लगी हुई है, मानो वे उसकी ओर इशारा करते हुए कह रहे हों कि यही वह महिला ऐथलीट है, जो भारत को यश और गौरव दिला रही है।

अंतिम दौड़ का आयोजन बुधवार, 8 अगस्त को किया गया। उसके पहलेवाले दिन कोई दौड़-प्रतियोगिता नहीं थी, जिसकी वजह से उषा को आराम करने और हॉकी टीम को उनके पास आकर उन्हें शुभकामनाएँ देने का मौका मिल गया। सारा भारत उनसे आशा लगाए बैठा था और उसकी सफलता की कामना कर रहा था। तब तक हॉकी टीम पदक पाने के दावे से बाहर हो गई थी और अब एक 'पयोली एक्सप्रेस' ही रह गई थी, जो भारत की प्रतिष्ठा को बचा सकती थी। इन सब बातों को लेकर उनके मन पर बहुत दबाव बना हुआ था। उषा लेन पाँच में थीं, जहाँ वह अपने जीवन की सबसे महत्त्वपूर्ण दौड़ में हिस्सा लेने जा रही थीं। फ्लिंटॉफ लेन छह में, ब्राउन लेन आठ और कोजोकारू लेन दो में थी। दौड़ की शुरुआत गलत हुई, क्योंकि फ्लिंटॉफ गन को लाँघ गई थी। उषा ने जबरदस्त शुरुआत की थी, लेकिन देरी से वापस बुलाए जाने के कारण उनका ध्यान गड़बड़ा गया।

दौड़ जब दुबारा शुरू की गई, उसकी गति कुछ धीमी रही। उसकी रफ्तार

में पहलेवाला स्वाभाविक प्रवाह नहीं था और पहले आधे फासले में वह पीछे रही। उन्हें विश्वास था कि अंतिम पाँच बाधाओं में वह तेजी से आगे निकल जाएँगी। यही उनकी शैली थी। पाँचवीं बाधा तक वह सबकी बराबरी पर आ गई थीं; सिर्फ मोरक्को के नवल अल-मौतवकिल को छोड़कर, जो लेन तीन में दौड़ रही थी। उषा को अपने शरीर में अकड़न महसूस हुई और वह कुछ मीटर की अंतिम दूरी में कोजोकारू की बराबरी नहीं कर पाईं और समाप्ति के निशान तक पहुँचने से पहले ही उनकी ताकत जवाब दे गई थी। उद्घोषक ने पहले तो उषा को तीसरा स्थान दिया, फिर एक मिनट बाद ही गलती सुधारकर रोमानिया की धावक का नाम घोषित किया। कांस्य पदक के लिए बहुत ही कड़ा मुकाबला था। अंतत: नतीजे इस प्रकार घोषित किए गए—1. नवल अल-मौतवकिल (मोरक्को)—54.61 (ओलंपिक रिकॉर्ड); 2. जूडी ब्राउन (यू.एस.)—55.20; 3. क्रिस्टोना कोजोकारू (रोमानिया)—55.41; 4. पी.टी. उषा (भारत)—55.42 (कॉमनवेल्थ रिकॉर्ड)।

चौबीस साल पहले मिल्खा ने एक सेकंड के दशांश से पदक खो दिया था; उषा का पदक एक शतांश से रह गया। वह दौड़ के आरंभ में कुछ पल रुकी रहीं और दौड़ के अंत में झपट्टा नहीं मार सकीं; इसी भूल की कीमत उन्हें चुकानी पड़ी। उषा ने स्वीकार किया, ''मुझे अपना सिर झटकना चाहिए था और अंत में लंबी झपट मारनी चाहिए थी। लेकिन भारत में कब मैंने कोई ऐसी दौड़ दौड़ी है, जहाँ मुझे प्रथम आने के लिए खुद को आगे पटकना पड़ा हो?''

अश्विनी कुमार, उपाध्यक्ष, अंतरराष्ट्रीय ओलंपिक कमेटी ने विजेताओं को पदक प्रदान किए। किसी भारतीय को कांस्य पदक देते हुए उन्हें कितना अच्छा लगता। उषा को देखिए, वह नांबियार को चुप कराने, सांत्वना देने में लगी थीं, जो एकदम फूट पड़े थे और निढाल हो रहे थे। मिल्खा उस दौड़ के साक्षी थे और वह उषा की पीड़ा को किसी से भी बेहतर समझते थे। लेकिन उषा के लिए लॉस एंजिलिस की कहानी वहीं समाप्त नहीं हुई। उन्होंने वलसम्मा, शायनी और वंदना शानबाग के साथ 4×400 मीटर रिले दौड़ के फाइनल में भारतीय टीम का नेतृत्व किया। उसी का परिणाम था कि पहला भारतीय दो अंतिम मुकाबलों में पहुँच पाया। इस चौकड़ी ने 3 मिनट और 32.49 सेकंड का एशियन रिकॉर्ड कायम किया और सातवाँ स्थान प्राप्त किया। लॉस एंजिलिस के बाद अगले वर्ष उषा को भरपूर खुशी एवं प्रशंसा मिली, जब उन्होंने जकार्ता में, विशेषकर ट्रैक एंड फील्ड

दौड़ प्रतियोगिताओं में 5 स्वर्ण पदक जीते और 1 कांस्य पदक प्राप्त किया। उन्होंने सियोल एशियाड 1986 में भी कुल 5 स्वर्ण पदकों में से 4 स्वर्ण पदक भारत के लिए जीते और एक रजत पदक भी प्राप्त किया।

जुलाई 2000 में उषा के तीन रिकॉर्ड देश की धरती पर फिर से लिखे गए। उषा ने स्वयं उनकी सच्चाई के बारे में संदेह व्यक्त किए। भारत में अभी हाल तक उषा का रिकॉर्ड वास्तव में अपराजित था। 25 जुलाई, 2000 को उषा ने अंतरराष्ट्रीय प्रतियोगिता से संन्यास लेने की घोषणा कर दी। अब वह कोयलांडी में उषा ऐथलेटिक्स स्कूल स्थापित करना चाहती हैं।

बीस वर्ष के गौरवशाली जीवन की गाथा—लेकिन जरा हटकर।

अपने कोच ओ.एम. नंबियार के साथ

जन्म से महान्

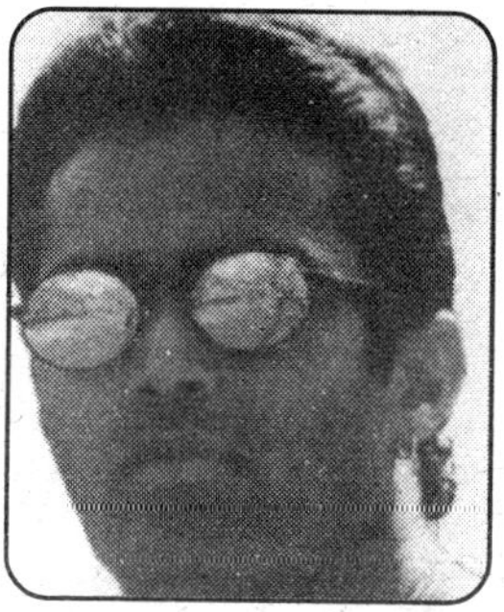

लिएंडर पेस का जन्म ओलंपिक खिलाड़ी बनने के लिए ही हुआ था। उनके पिता डॉ. वी.सी. पेस सन् 1972 के ओलंपिक्स में कांस्य-पदक पानेवाली भारतीय हॉकी टीम में थे। उनके अनुसार—लिएंडर म्यूनिख में अपनी माँ के गर्भ में आया था। उनकी माँ जेनिफर ने बास्केटबॉल में देश का प्रतिनिधित्व किया था। वस्तुत: स्पोर्ट्स का बीज उनके रक्त में था। चौबीस वर्ष बाद अटलांटा में उन्होंने ओलंपिक्स में कांस्य पदक जीतकर अपने पिता का अनुकरण किया—सन् 1952 के हेलसिंकी खेलों में भारतीय कुश्तीबाज खशब जाधव के बेंटमवेट फ्रीस्टाइल कांस्य पदक के बाद यह पहला भारतीय व्यक्तिगत पदक था।

लिएंडर की उपलब्धि बड़ी अप्रत्याशित थी और यही उनकी खूबसूरती है। आखिरकार, ओलंपिक्स के ठीक पहले तक वह ए.टी.पी. की चोटी के 100 खिलाड़ियों की सूची में भी नहीं थे। फिर वह ऐसा कैसे कर पाए? इसका उत्तर जानने के लिए पेस के कई वर्षों के डेविस कप प्रदर्शन पर दृष्टिपात करना होगा, जो वास्तव में बहुत शानदार रहा है। सन् 1990 में डेविस कप में अपने पहले प्रदर्शन के समय से इस कलकत्तावासी ने अपने से ऊँची कोटि के अनेक खिलाड़ियों की आन-बान-शान को बिखेरकर रख दिया है। यह बात आज के दोषदर्शितावाले युग में बहुत अविश्वसनीय लग सकती है। लेकिन सच यह है कि पेस का बार-बार यह कहना उनकी ईमानदारी को दरशाता है कि उन्हें देश के लिए खेलने की भावना से प्रेरणा मिलती है। वास्तव में, ए.टी.पी. दौरे पर उसका एकल मुकाबलों का रिकॉर्ड बहुत ही निराशाजनक रहा है। लगभग दस वर्षों के विदेश-यात्रा कार्यक्रमों में केवल एक खिताब। ग्रैंड स्लैम कोई अपवाद नहीं रहे हैं।

लेकिन जब देश का ध्वज उनके पीछे फहरा रहा हो, लिएंडर पेस राष्ट्र-भावना से अभिभूत हो जाते हैं। जिसकी रगों में देशभक्ति की भावना दौड़ रही हो, विश्व का सर्वश्रेष्ठ खिलाड़ी भी उसका रास्ता नहीं रोक सकता, चाहें तो जेरेमी बेट्स, वायेन फरेरा, गोरान इवानिसेविक, जैकब लसेक, हेनरी लेकॉण्ट" से पूछ लें। यह फ्रांस का लेकॉण्ट ही था, जो फ्रेजस के मिट्टी के मैदान पर एक गजब के डेविस कप मुकाबले के दौरान पेस के चमत्कारिक खेल का लोहा मान गया। विश्व समूह के इतिहास में उस समय तहलका मच गया, जब भारत ने पहले दौर में फ्रांस को 3-2 से मात दे दी। प्रतियोगिता के पहले दिन ही पेस ने फ्रांस के शीर्षस्थ खिलाड़ी लेकॉण्ट को चक्कर में डाल दिया। पेस ने अर्नाड बोइत्श को भी पीछे छोड़ दिया और जब उन्होंने निर्णायक दौर में रुडोल्फ गिल्बर्ट को हरा दिया, तब खेल को समेटने का काम रमेश कृष्णन पर छोड़ दिया गया।

बाद में, महेश भूपति की साझेदारी में युगल मैचों के जरिए लिएंडर को बड़ी प्रसिद्धि मिली। पेस और भूपति की जोड़ी पेरिस और विंबलडन में जीतकर सन् 1999 में ग्रैंड स्लैम के चारों फाइनल में पहुँच गई। पेस ने लीजा रेमंड के साथ विंबलडन में मिश्र युगल मैचों में भी जीत हासिल की। सन् 1999 में पेस-भूपति की जोड़ी विश्व की नंबर एक जोड़ी मानी गई। एक साल बाद इस जोड़ी में दरार पड़ गई।

लिएंडर को सन् 1990 में विंबलडन जूनियर मुकाबले जीतने और उसके अगले वर्ष यू.एस. ओपन का खिताब हासिल करने के बाद जूनियर खिलाड़ियों की सूची में भी पहला स्थान दिया गया। सन् 1992 में आयोजित बार्सिलोना ओलंपिक्स में उन्होंने रमेश के साथ जोड़ी बनाई और यह जोड़ी युगल मैचों के क्वार्टर फाइनल में पहुँच गई, जहाँ चार सेटों के कड़े मुकाबले में वे क्रोएट्स इवानिसेविक एवं गोरान प्रपिक से हार गए। इस तरह वे कांस्य पदक से वंचित रह गए। भारतीय जोड़ी ने इससे पहले ऑस्ट्रेलिया के शीर्षस्थ खिलाड़ी टॉड वुडब्रिज और जॉन फिट्जेरॉल्ड को दूसरे दौर में शिकस्त देकर खेल-जगत् में सबसे बड़ी सनसनी फैला दी। लिएंडर के लिए प्रशंसा में नहाने का समय चार साल बाद आया, जब उन्होंने अटलांटा के बाहर स्टोन माउंटेन पार्क मैदान में करिश्मा किया।

कांस्य पदक तक पहुँचने के शुभ संकेत आरंभ में ही मिलने लगे थे। पहले दौर में ग्यारहवें क्रम के नामांकित खिलाड़ी रिची रेनेबर्ग के विरुद्ध पहला सेट बराबरी पर छूटा; तत्पश्चात् निर्णायक सेट का आरंभिक खेल बीच में छोड़ देने के बाद घुटने की मांसपेशी खिंच जाने के कारण अमरीकी खिलाड़ी खेल से बाहर हो गया। निकोलस परेश सीधे सेटों में हार गया। उसके बाद कड़ी परीक्षा की घड़ी आई, जब उन्हें तीसरे दौर में तृतीय क्रम के नामांकित खिलाड़ी टॉमस एंक्विस्ट का सामना करना पड़ा। जिन भारतीय खेल-प्रेमियों ने इतने वर्षों तक ओलंपिक सफलता के लिए धैर्यपूर्वक प्रतीक्षा की, अंततः वे सतर्क-सावधान होकर बैठ गए और ध्यान देने लग गए। पेस ने स्वीडन खिलाड़ी को 7-5, 7-6 से हरा दिया और अचानक एक ओलंपिक

पदक के बारे में चर्चा होने लगी।

सन् 1992 तक सेमीफाइनल खेलनेवाले सभी खिलाड़ियों को ओलंपिक्स में कांस्य पदक अवश्य दिया जाता था। लेकिन इस बार नियम बदल दिए गए। कांस्य पदक के लिए सेमीफाइनल हारे खिलाड़ियों के बीच पहली बार एक मैच कराया गया। इटली के रेंजो फुर्लॉन को क्वार्टर फाइनल में हराने के बाद लिएंडर पेस ने खुद को वरीयता क्रम में शीर्षस्थ खिलाड़ी आंद्रे अगासी के सम्मुख पाया। रैंक के हिसाब से विश्व में इस अमरीकी खिलाड़ी का स्थान तीसरा था। पर लिएंडर का रैंक ? 128। तथापि, ये रैंक या क्रम मात्र संख्याएँ थीं; संख्यावाचक अंक थे। और उस व्यक्ति के लिए इन नंबरों का कोई विशेष महत्त्व नहीं था, जो दिमाग के बजाय हमेशा दिल की बात सुनता था। अगासी 7-6 (7-6), 6-3 से जीत गए। लेकिन सीधे सेटों की यह कोई साधारण जीत नहीं थी। उस चोटी के खिलाड़ी को पसीना बहाना पड़ गया। 2-4 से नीचे होने के बावजूद लिएंडर ने जबरदस्त जुझारू प्रवृत्ति का परिचय दिया और पहले सेट को टाइब्रेकर तक ले गए।

अगासी अपने प्रतिद्वंद्वी के स्ट्रोक लगाने की क्षमता को देखकर दंग रह गए और पेस की मैच की सबसे तेज सर्विस की गति 189 कि.मी. मापी गई थी। अभी

लिएंडर पेस अपने कांस्य पदक के साथ

भी 4–2 का अंतर बना हुआ था और मैच लगता था कि अगासी की मुट्ठी में है। पेस के लिए यह जोड़ या तोड़वाली स्थिति थी। और पेस ने अगासी की बढ़त का सिलसिला तोड़ डाला। उन्होंने पहले सर्विस अपने हाथ में ली और फिर उनकी सर्विस तोड़कर स्कोर 4–4 से बराबर कर लिया। अगासी समझ गए, मामला इतना आसान नहीं; संघर्ष करना होगा। फिर, लिएंडर ने सर्विस में बिजली जैसी तेजी दिखाई और पहली बार 5–4 की बढ़त ले ली, हालाँकि फिर अगासी ने उनकी सर्विस पर लगाम लगा दी।

अकस्मात् अगासी ने पाया कि दो सेट पॉइंट उनके खिलाफ चले गए हैं। 12वें खेल में उनकी सर्विस पर यह 40–15 था और पहला सेट लिएंडर की पकड़ में था। बस यहीं अगासी लड़खड़ा गए और उन्होंने अपनी विशिष्टता दिखा दी। उन्होंने उलटे हाथ से नीचे की ओर करारा प्रहार किया जिसे लिएंडर पेस उठा नहीं सके और अगासी को 1 अंक मिल गया और स्कोर बराबर हो गया। 4–4 के स्कोर के साथ भी सेट किसी के भी पक्ष में जा सकता था। लेकिन अगासी ने अपना दम बाँधकर रखा और सेट स्कोर को 7–6 तक ले गए। लिएंडर पीछे हटनेवाले नहीं

थे। दूसरे सेट के शुरुआती दौर में उन्होंने अपने प्रबल विरोधी का डटकर मुकाबला किया। लेकिन 4-3 की बढ़त के बाद अगासी को रोक पाना असंभव था। 90 मिनट में सारा खेल खत्म हो गया।

प्रसंगवश, यह उल्लेख करना समीचीन होगा कि अंतत: स्वर्ण पदक हासिल करनेवाले अगासी का ओलंपिक के साथ पारिवारिक संबंध है। उनके पिता माइक ने सन् 1948 और सन् 1952 में आयोजित खेल-प्रतियोगिताओं में ईरान की तरफ से मुक्केबाजी की थी। अब उस निर्णायक मैच की बारी आई, जो सन् 1980 में हॉकी में प्राप्त स्वर्ण पदक के बाद ओलंपिक में भारत को पहला पदक दिला सकता था। दुबारा कराए गए मैच में जाते हुए लिएंडर ने अपने चाहनेवालों से वायदा किया—"मुझ पर भरोसा करो, मैं अपना सबकुछ दाँव पर लगा दूँगा।" पेस और पदक के बीच ब्राजील का फर्नांडो मेलिंजेनी दीवार बनकर खड़ा था, जिसे वरीयता सूची में 96वाँ स्थान प्राप्त था।

बारिश हो जाने के कारण मैच ढाई घंटे बाद शुरू हुआ और मुकाबला लगभग उतने ही समय तक चला। सातवें और नौवें खेल में क्रम-भंग हो जाने पर लिएंडर ने पहला सेट 6-3 पर छोड़ दिया और वह भी आधा घंटे से कम समय में। लेकिन उसके बाद पेस ने पीछे मुड़कर नहीं देखा; कांस्य पदक हासिल करने का भूत उन पर सवार हो गया लगता था। लिएंडर ने मेलिंजेनी की सर्विस पर प्रहार किया और ब्राजील के खिलाड़ी को खूब दौड़ाया—कभी इस कोने पर, कभी दूसरे पर। अपनी भावनाओं पर नियंत्रण रखते हुए पेस ने दो बार सर्विस तोड़ी और भरपूर विश्वास के साथ निर्णायक बाजी में गए।

वह इतिहास के संकेत को समझ रहे थे और दबाव तीव्रतर होता जा रहा था। दूसरे खेल में पिछड़ने पर पेस ने ब्रह्मास्त्र चलाया और सिलसिले को बनाए रखा। तीसरे खेल में सिलसिला लव पर भंग हुआ तो ब्राजील के खिलाड़ी ने काफी पीछे जाकर मारना शुरू किया। उसके प्रहार को बार-बार नेट पर ही रोककर पेस ने मेलिंजेनी को गली करने के लिए बाध्य कर दिया और धीरे-धीरे अपना आत्म-विश्वास पुन: प्राप्त कर लिया। सातवें खेल में उन्होंने निर्णायक बाजी जीत ली और आठवें में तीसरे ड्यूस के बाद सर्विस बनाए रखी। मेलिंजेनी को उन्होंने रोके रखा और उसे उठने का मौका नहीं दिया। मैच को खत्म करना अब पेस के हाथ था। मेलिंजेनी का उलट वार बेसलाइन पर जाकर पड़ा और लिएंडर ने अपने प्रेमियों को दिया वचन पूरा किया और पदक उनका हो गया।

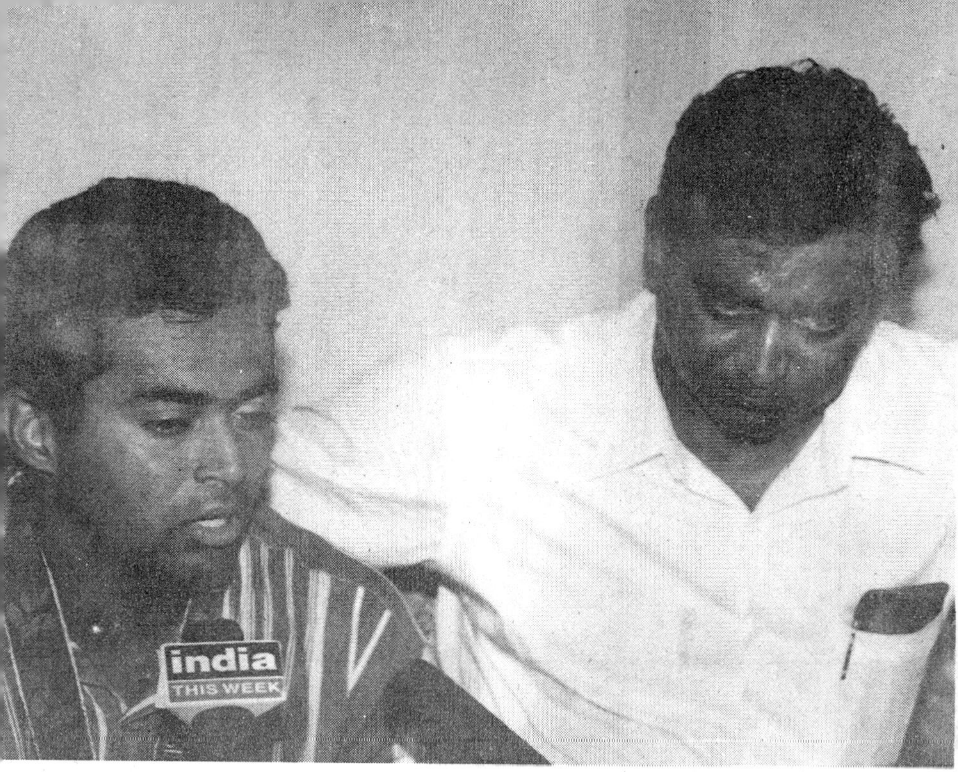

लिएंडर पेस हॉकी में कांस्य पदक पानेवाले अपने पिता डॉ. वी.सी. पेस के साथ।

इतिहास का बोझ अपना दबाव बनाए हुए था। मैच के बाद लिएंडर पेस ने कहा, ''मुझे लगता है, यह सच्चाई मुझ पर हावी थी कि सोलह सालों से हमने कोई पदक नहीं जीता है। और मुझे, विशेषकर आरंभ में, अपने दमखम पर काबू रखने में कुछ समय लगा।'' यह पूछने पर कि किस चीज से मैच में फर्क पड़ा, उस विजेता ने केवल एक शब्द में जवाब दिया, ''साहस।'' लिएंडर ने पहले ओरलैंडो, फ्लोरिडा में अपने अड्डे पर जाने और एक माह बाद भारत लौटने का कार्यक्रम बनाया था। लेकिन भारत वापस आने और उनके स्वागत में आयोजित किए जानेवाले अभिनंदन समारोह में उपस्थित रहने का दबाव बहुत ज्यादा था। सन् 1971 में इंग्लैंड से विजयी होकर लौटी क्रिकेट टीम का जो स्वागत हुआ था, उसके बाद से किसी भारतीय खिलाड़ी की घर-वापसी का यह अत्यंत हंगामेदार और तालियों की गड़गड़ाहट भरा स्वागत-समारोह था।

मीडिया के लोगों और उनके समर्थकों ने देर रात तक नई दिल्ली हवाई अड्डे पर उनकी उड़ान के उतरने का धैर्यपूर्वक इंतजार किया। और लिएंडर वहाँ जमा

लिएंडर पेस विविध मुद्राओं में।

भीड़ को देखकर भौंचक रह गए। अनेक फोटोग्राफरों और कैमरामैनों ने सारे रास्ते उनकी कार का पीछा किया। अगले कई दिनों तक उनके स्वागत-समारोहों, भेंट-वार्त्ताओं और बधाइयों का सिलसिला चलता रहा। कलकत्ता के उस लड़के के लिए यह सिर चढ़नेवाला समय था, जो फुटबॉल के पीछे पागल रहता था और घुटने की चोट के कारण जिसने टेनिस को अपनाया।

वी.सी. अपने पुत्र के खेल-कूद भरे बचपन के बारे में गर्व के साथ कहते हैं—"आप यह जानकर आश्चर्य करेंगे कि साढ़े तीन साल का होने तक उसे तैरना, साइकिल चलाना, पकड़ना, दौड़ना और फुटबॉल में किक मारना आ गया था। उसकी विलक्षण प्रतिभा की ओर हमारा ध्यान उस समय गया, जब इस आयु में उसने अपनी मनपसंद फुटबॉल से घर में शीशे का एक शो-केस तोड़ डाला।"

लिएंडर को पहला टेनिस रैकिट पाँच साल की उम्र में दिलाया गया। "मैंने उसे डलहौजी हाउस, कलकत्ता में एक रैकिट तथा एक गेंद लेकर दी और उससे कहा कि वह उस रैकिट से गेंद को दीवार पर मारे। एक घंटे बाद मैं जब वापस आया, मैंने देखा कि वह अभी भी उसी खेल में लगा हुआ था। और तब से उसने

आज तक पीछे मुड़कर नहीं देखा है।'' उसके पिता का पदक सन् 1980 की बाढ़ में खो गया था। अब परिवार में उसकी जगह दूसरा पदक आ गया। और देश को अंततः ओलंपिक स्तर का एक खिलाड़ी मिल गया था। लिएंडर पेस को सिडनी ओलंपिक्स-2000 में भारतीय दल का नेतृत्व करने का सम्मान दिया जा चुका है।

कांस्य पदक तक का सफर

रिची रेनेबर्ग (अमरीका) को हराया : 6-7 (2-7), 7-6(9-7), 1-0 (चोट के कारण खेल छोड़ा)

निकोलस परेरा (वेनेजुएला) को हराया : 7-5, 6-3

टॉमस एंक्वस्ट (स्वीडन) को हराया : 7-5, 7-6 (7-3)

क्वार्टर फाइनल—रेंजो फुर्लान (इटली) को हराया : 6-7, 7-5

सेमीफाइनल—आंद्रे अगासी (अमरीका) से हारे : 6-7 (5-7), 3-6

कांस्य पदक के लिए कराए गए मैच में फर्नांडो मेलिंजेनी (ब्राजील) को हराया : 3-6, 6-2, 6-4

□

राज्यवर्धन सिंह राठौर

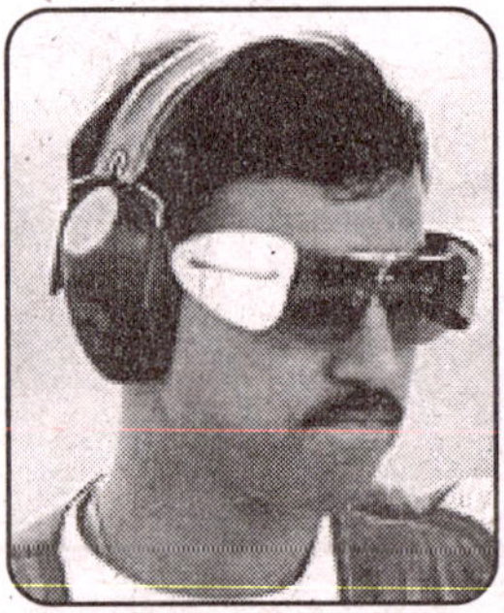

राज्यवर्धन सिंह राठौर का जन्म 29 जनवरी, 1970 को जैसलमेर, राजस्थान में हुआ था। वे बारहवीं कक्षा के बाद नेशनल डिफेंस अकादमी (एन.डी.ए.) में भरती हो गए थे। यहाँ से पास होनेवाले विद्यार्थी को सेना में लेफ्टिनेंट के पद पर नियुक्त किया जाता है। जब राज्यवर्धन एन.डी.ए. में पढ़ रहे थे, तब से ही उन्हें शूटिंग का शौक था।

सेना के लोग अनुशासन के लिए जाने जाते हैं। राज्यवर्धन ने सेना में सीखे गए इस पाठ को शूटिंग के अभ्यास के लिए इस्तेमाल किया और कड़ी मेहनत करने लगे। तीन-चार वर्ष के अभ्यास में ही उन्होंने अपने आपको अंतरराष्ट्रीय स्तर का शूटर बना लिया। ऐसा करने में एक साधारण खिलाड़ी को दस-बारह वर्ष तक लग जाते हैं।

उनकी मेहनत रंग लाई और उन्हें सन् 2004 में एथेंस ओलंपिक में भाग लेने का मौका मिला। उस समय किसी ने भी नहीं सोचा था कि राज्यवर्धन सिंह कोई पदक भी जीत पाएँगे। पर उन्होंने यह करिश्मा कर दिखाया। मेंस डबल ट्रैप (शूटिंग) में उन्होंने रजत पदक जीते। ऐसा करनेवाले वह दूसरे भारतीय थे। व्यक्तिगत खेल में रजत पदक जीतनेवाले इससे पहले सन् 1900 के पेरिस ओलंपिक में नॉर्मन प्रीतचंद ने दो रजत पदक जीते थे। भारत के लिए यह बेहद गर्व की बात थी। सन् 2004 में राज्यवर्धन सिंह ने जब ओलंपिक पदक जीते थे, तब वह सेना में मेजर के पद पर नियुक्त थे।

सन् 2005 में उन्हें 'अर्जुन पुरस्कार' से सम्मानित किया गया। ओलंपिक में पदक जीतने के बाद उन्हें देश के सर्वोच्च खेल पुरस्कार 'राजीव गांधी खेल रत्न' से सम्मानित किया गया। उन्हें 'पद्मश्री' से भी सम्मानित किया जा चुका है। हाल ही

में उन्हें सेना में अच्छे कार्य के लिए अति विशिष्ट सेवा मेडल से भी सम्मानित किया गया। यह पुरस्कार शीतकाल में दिया गया सेना का दूसरा सर्वोच्च पुरस्कार है। अब तक ब्रिगेडियर से नीचे पद के किसी अधिकारी को यह सम्मान नहीं मिला है। राज्यवर्धन अभी लेफ्टिनेंट कर्नल के पद पर नियुक्त हैं। राज्यवर्धन के लिए यह सम्मान बड़े ही गर्व की बात है। उन्हें बहुत अच्छा लगा था, जब सन् 2004 में पदक जीतने के बाद राष्ट्रगान बजाया गया था और देश का झंडा लहराया गया था। सेना में कार्य करनेवाले राज्यवर्धन के लिए युद्धभूमि में जीतने के अलावा ऐसा सम्मान मिलना बहुत ही गर्व की बात है। ओलंपिक में पदक जीतना एक युद्ध जीतने जैसा ही है। भारत जैसे देश के लिए, जिसका ओलंपिक में असंतोषजनक प्रदर्शन रहता है, ऐसे लमहे हमेशा यादगार रहेंगे।

सन् 2008 के बीजिंग ओलंपिक में राज्यवर्धन को भारतीय दल का नेतृत्व करने को मौका मिला। इस बार वह कोई पदक नहीं जीत पाए, पर निश्चित ही

राज्यवर्धन सिंह को बधाई देते तत्कालीन राष्ट्रपति डॉ. ए.पी.जे. अब्दुल कलाम।

उन्होंने भारतीय युवाओं को एक राह दिखाई है। कहीं-न-कहीं उन जैसे बुलंद इरादेवाले खिलाड़ी का ही योगदान है कि सन् 2008 ओलंपिक में भारत तीन पदक, जिसमें एक स्वर्ण भी शामिल है, जीत पाया।

राज्यवर्धन कहते हैं कि जब वह कई घंटे रोजाना, कई महीने, कई साल तक लगातार मेहनत करते रहते थे तब भारत की गरिमा और सम्मान से उन्हें प्रेरणा मिलती थी। इस तरह के खेल में पैसा तो नहीं, पर देश का सम्मान ही उन्हें प्रेरित करता था। जब राज्यवर्धन से कोई पूछता है कि आप कितने घंटे अभ्यास करते हैं, तो वह कहते हैं, ''मुझे हमेशा समय की कमी रहती है। 24 घंटे भी मेरे लिए कम पड़ जाते हैं।'' राज्यवर्धन अभ्यास के लिए कभी-कभी सोना (नींद) भी कम कर देते हैं। परिवार से कई बार उन्हें दूर भी रहना पड़ता है और कई बार साथ रहते हुए भी उनके साथ कम समय बिताने का मौका मिलता है। पर जो लोग देश के लिए कार्य करते हैं, उन्हें ये सब कुरबानियाँ देनी पड़ती हैं। आखिरकार करोड़ों लोगों का प्यार और उम्मीदें आपसे लगी होती हैं।

उनका मानना है कि आज वह जो कुछ भी हैं, सरकार के सहयोग से ही हैं। वास्तव में, ओलंपिक में खिलाड़ी जो भी कुछ कर पा रहे हैं, वह भारत सरकार की ही वजह से कर पा रहे हैं। पर अभी बहुत कुछ करना बाकी है। विकास बहुत धीमी गति से हो रहा है, उसे तेज करना होगा। नीतियों में बदलाव करना होगा और मौजूद नीतियों को हरकत में लाने की जरूरत है। वह दिन दूर नहीं जब भारत भी ओलंपिक में बहुत सारे पदक जीतनेवाला देश बन जाएगा।

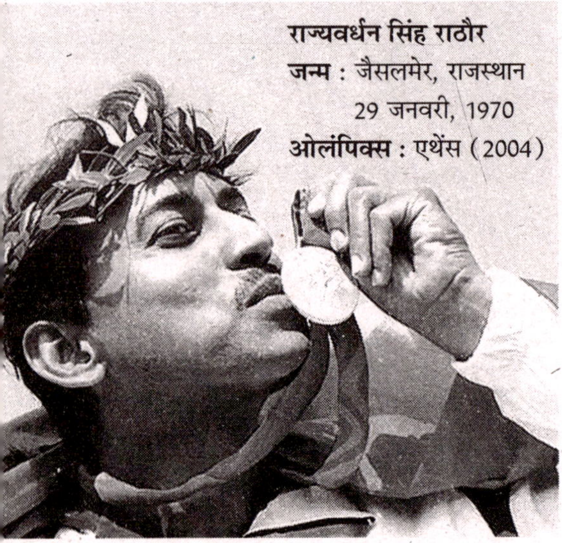

राज्यवर्धन सिंह राठौर
जन्म : जैसलमेर, राजस्थान
29 जनवरी, 1970
ओलंपिक्स : एथेंस (2004)

□

अभिनव बिंद्रा

अभिनव बिंद्रा का जन्म 28 सितंबर, 1982 को देहरादून में हुआ था। वह एक पंजाबी परिवार से हैं। उनके पिता अपजीत बिंद्रा और माता बबली बिंद्रा 300 करोड़ की हाई-टेक कंपनी के प्रोमोटर हैं। कक्षा आठ तक उन्होंने अपनी पढ़ाई दून पब्लिक स्कूल से की है। फिर बाद में उन्होंने सेंट स्टीफेंस स्कूल, चंडीगढ़ में दाखिला ले लिया था। पंद्रह वर्ष की उम्र से ही उन्हें निशानेबाजी में रुचि हो गई।

सोलह वर्ष की उम्र में ही उन्होंने कॉमनवेल्थ गेम्स में हिस्सा लिया। उनके प्रथम कोच थे ले. कर्नल जे.एस. ढिल्लन। सन् 2008 के ओलंपिक गेम्स में हिस्सा लेनेवाले वह सबसे युवा खिलाड़ी थे। उसमें वे ग्यारहवें स्थान पर रहे। सन् 2001 में अंतरराष्ट्रीय स्तर पर उन्होंने छह पदक जीते। सन् 2002 के कॉमनवेल्थ गेम्स में इन्होंने युगल वर्ग में स्वर्ण और व्यक्तिगत वर्ग में रजत पदक जीते। सन् 2004 के ओलंपिक गेम्स में ये सातवें स्थान पर रहे। सन् 2006 के मेलबोर्न कॉमनवेल्थ गेम्स में भी उन्होंने स्वर्ण (युगल वर्ग) और कांस्य (व्यक्तिगत वर्ग) पदक जीते। सन् 2006 के एशियन गेम्स में वे कमर में दर्द के कारण भाग नहीं ले पाए।

सन् 2008 उनके लिए ऐतिहासिक वर्ष रहा। उन्होंने आई.एस.एफ. शूटिंग चैंपियनशिप्स में स्वर्ण पदक जीते और ओलंपिक में अपना स्थान पक्का कर लिया। सन् 2008 के बीजिंग ओलंपिक में उन्होंने वह कर दिखाया, जिसका इंतजार भारत कई दशकों से कर रहा था। अभिनव बिंद्रा ने 10 मीटर हवाई राइफल में स्वर्ण पदक जीत लिया। ऐसा करनेवाले वह पहले भारतीय थे; क्योंकि व्यक्तिगत खेल में अब तक किसी भारतीय ने स्वर्ण नहीं जीता था। हॉकी में भारत ने सन् 1980 में स्वर्ण

पदक जीता था। स्वर्ण पदक तो अपने आप में एक बड़ी बात होती है और किसी भी देश व खिलाड़ी के लिए गर्व की बात होती है। भारत के लिए सच में यह एक बड़ा ऐतिहासिक क्षण था। हाय रे देश की किस्मत! एक अरब की आबादी होते हुए भी अब तक ओलंपिक में एक भी स्वर्ण पदक नहीं जीता है! अभिनव ने भारत के इतिहास

स्वर्ण पदक के साथ विजयी मुद्रा में बिंद्रा।

अभिनव बिंद्रा
जन्म : देहरादून
28 सितंबर, 1982

ओलंपिक्स : 2008 (बीजिंग)

बीजिंग ओलंपिक में स्वर्ण पदक लेकर स्वदेश लौटे अभिनव बिंद्रा का राष्ट्रपति भवन में स्वागत करतीं राष्ट्रपति प्रतिभा पाटिल।

को बदल दिया। यह बात सच है कि अभिनव को जो ट्रेनिंग मिली है, वह एक आम भारतीय खिलाड़ी के लिए लगभग असंभव है। अभिनव के माता-पिता ने अभिनव पर विश्वास कर उन पर करोड़ों रुपए खर्च किए हैं। अभिनव उस विश्वास पर खरे भी उतरे। भारत में ऐसे कितने परिवार होंगे, जो अभिनव के माता-पिता की तरह इतना पैसा खर्च कर सकते हैं? पर अभिनव जैसी संतान शायद ही किसी की हो। तारीफ करनी होगी अभिनव की, जिन्होंने इतना महान् कार्य कर दिखाया, वह भी सिर्फ पच्चीस वर्ष की उम्र में!

अभिनव एक शांत विचार के व्यक्ति हैं। अब तक उन्होंने जो भी लक्ष्य बनाया है, वह उस पर पहुँच गए हैं। खेल में उनकी रुचि बचपन से ही थी।

उनकी अनोखी प्रतिभा को देखकर भारत सरकार ने सन् 2000 में उन्हें 'अर्जुन पुरस्कार' से सम्मानित किया। सन् 2001 में उन्हें देश के सर्वोच्च-खेल

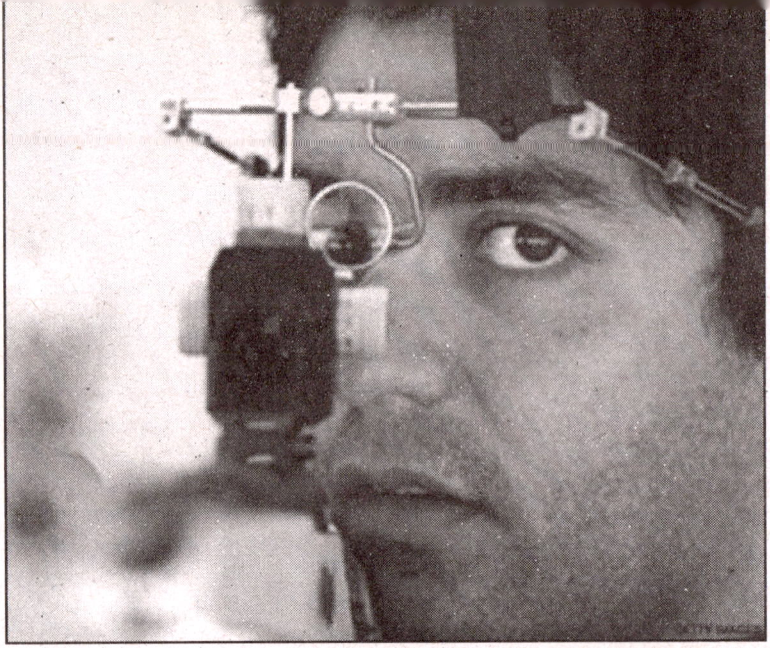

पुरस्कार 'राजीव गांधी खेल रत्न' से सम्मानित किया गया।

अभिनव बिंद्रा ने ओलंपिक में स्वर्ण पदक का खाता खोल दिया है और आशा है कि इस खाते में कई अन्य भारतीय अपना नाम दर्ज करवाएँगे; पर अभिनव का नाम हमेशा याद किया जाएगा।

सन् 2008 बीज़िंग ओलंपिक में स्वर्ण पदक जीतने के बाद जो इनाम अभिनव बिंद्रा को दिए गए, वे इस प्रकार हैं—

- 1.5 करोड़ रुपए इनाम जाने-माने उद्योगपति लक्ष्मी नारायण मित्तल द्वारा दिए गए।
- भारत सरकार ने 50 लाख रुपए इनाम में दिए।
- हरियाणा सरकार ने 25 लाख रुपए इनाम में दिए।
- भारतीय किक्रेट नियंत्रण बोर्ड ने 25 लाख रुपए इनाम में दिए।
- पुणे म्युनिसिपल कॉरपोरेशन ने 15 लाख रुपए इनाम में दिए।
- 15 लाख रुपए भारतीय इस्पात मंत्रालय द्वारा दिए गए।
- बिहार सरकार ने 11 लाख रुपए इनाम दिए और पटना इंडोर स्टेडियम का नाम बदलकर 'अभिनव बिंद्रा इंडोर स्टेडियम' कर दिया।
- कर्नाटक सरकार ने 10 लाख रुपए इनाम में दिए।
- गोल्ड जिम के अध्यक्ष एस. अमलोक सिंह ने 10 लाख रुपए इनाम में दिए।
- उड़ीसा सरकार ने 5 लाख रुपए इनाम में दिए।

- 5 लाख रुपए इनाम में तमिलनाडु सरकार ने भी दिए।
- 1-1 लाख रुपए मध्य प्रदेश और छत्तीसगढ़ सरकार द्वारा इनाम में दिए गए।
- भारतीय रेल द्वारा आजीवन मुफ्त चलने का पास ज़ारी किया गया।
- केरल सरकार ने एक स्वर्ण पदक भेंट दिया।
- वर्ष 2009 में पद्म-भूषण से सम्मानित।

□

सुशील कुमार

सुशील कुमार का जन्म 26 मई, 1983 को हुआ था। ये बापरौला, नजफगढ़, दिल्ली के रहनेवाले हैं। इनके पिता का नाम दीवान सिंह और माता का नाम कमला देवी है। इनके पिता महानगर टेलीफोन निगम लिमिटेड (एम.टी.एन.एल.) में ड्राइवर के पद पर नियुक्त हैं। कुमार को बचपन से ही कुश्ती का शौक था और उनके प्रेरणास्रोत बने उनके चचेरे भाई संदीप और संदीप के पिता, जो कि एक पहलवान थे।

सुशील एक साधारण परिवार से थे, इसलिए इन्हें बहुत ही कठिन परिस्थितियों में अपने लक्ष्य के लिए मेहनत करनी पड़ी है। भारत जैसे विकासशील देश में खेल को अपना कॅरियर बनाना बहुत कठिन परिस्थिति के लिए अपने आपको तैयार करना है। सुशील कुमार के लिए तो रास्ता और भी कठिन था, क्योंकि वह एक निम्न मध्यम वर्गीय परिवार से थे।

उनके भाई संदीप ने बाद में कुश्ती करना छोड़ दिया, क्योंकि एक साधारण परिवार दो लोगों का ऐसे खेल में आर्थिक मदद नहीं कर सकता था। कुमार ने चौदह वर्ष की उम्र में अपनी ट्रेनिंग की शुरुआत छत्रसाल स्टेडियम के अखाड़े से की। यहाँ पर उन्होंने पहलवान यशवीर और रामपाल से ट्रेनिंग ली। बाद में उन्होंने अर्जुन पुरस्कार से सम्मानित पहलवान सतपाल और भारतीय रेलवे के कोच ज्ञान सिंह से ट्रेनिंग ली।

उन दिनों सुशील कुमार ने समय बहुत कठिनाइयों में गुजारा। कभी-कभी उन्हें साथी पहलवानों के साथ बिस्तर भी बाँटना पड़ता था। कभी तो उन्हें डॉरमेटरी में ठहरना पड़ता था, जहाँ एक ही कमरे में लगभग बीस पहलवान रहते थे। इन सब कठिनाइयों के बावजूद कुमार ने कभी हार नहीं मानी। वह निरंतर अभ्यास में लगे

एक रेसलिंग प्रतियोगिता के दौरान अपने प्रतिद्वंद्वी खिलाड़ी को पटखनी देते सुशील कुमार

रहते। उन्हें विश्वास था कि एक दिन उनके भी दिन बदलेंगे। सन् 1998 में उनकी मेहनत रंग लाई और उन्होंने अपना अभ्यास जारी रखा तथा 2000 के एशियन जूनियर चैंपियनशिप में भी उन्होंने स्वर्ण पदक जीते।

अब वह जूनियर से सीनियर कैटेगिरी में आ गए। सन् 2003 में उन्होंने सीनियर रेसलिंग चैंपियनशिप में कांस्य पदक जीते और इसी वर्ष हुए कॉमनवेल्थ गेम्स में स्वर्ण पदक भी जीता। सन् 2003 में ही हुए वर्ल्ड रेसलिंग चैंपियनशिप में वह चौथे स्थान पर आए। पर सन् 2004 ओलंपिक गेम्स में उनका प्रदर्शन अच्छा नहीं रहा। वह चौदहवें स्थान पर आए। लेकिन उन्होंने हिम्मत नहीं हारी और सन् 2005 एवं 2007 के कॉमनवेल्थ गेम्स में फिर से स्वर्ण पदक जीते। सन् 2007 के वर्ल्ड रेसलिंग चैंपियनशिप में वह साँतवें स्थान पर आए और 2008 में होनेवाले बीजिंग ओलंपिक गेम्स के लिए चुने गए।

सुशील कुमार

जन्म : बापरौला, नजफगढ़, दिल्ली
26 मई, 1983

ओलंपिक्स : 2008 (बीजिंग)

कांस्य पदक के साथ विजयी मुद्रा में सुशील कुमार

2008 बीजिंग ओलंपिक में उन्होंने जो किया वह एक इतिहास बन गया। 66 किलो वर्ग फ्रीस्टाइल रेसलिंग में उन्होंने कांस्य पदक जीते। ऐसा करनेवाले वह के.डी. यादव के बाद दूसरे ऐसे खिलाड़ी हैं, जिसने रेसलिंग में भारत को ओलंपिक में कोई पदक दिलवाया हो। के.डी. यादव ने सन् 1952 के हेलसिंकी ओलंपिक गेम्स में कांस्य पदक जीता था।

यह जीत भारत के लिए एक गर्व का मौका था। वैसे तो भारत में एक अरब लोग रहते हैं और यहाँ प्रतिभा की कोई कमी नहीं है—भारत से छोटे और गरीब देश भी ओलंपिक गेम्स में भारत से अधिक पदक जीत लेते हैं; पर भारत ऐसा नहीं कर पाता है। इसके कई कारण हैं। उनमें प्रमुख हैं—भारत में खेल में कॅरियर बनाने को प्रोत्साहित नहीं किया जाता है। दूसरा, जो खिलाड़ी कठिनाइयों से जूझकर आगे बढ़ना भी चाहते हैं, उन्हें आर्थिक सहायता और उचित ट्रेनिंग नहीं मिल पाती है। ऐसे माहौल में भी ओलंपिक में पदक जीत लेना अपने आप में एक बड़ी उपलब्धि है। सुशील कुमार जैसे लोग भारत के युवाओं के लिए प्रेरणास्रोत बन गए हैं। युवाओं को किसी भी परिस्थिति में हार नहीं मानने के लिए सुशील ने प्रेरित किया है। उन्होंने

दिखा दिया है कि हम सरकार के भरोसे न बैठे रहें और भारत बदलने का कार्य खुद अपने कंधों पर ले लें। अगर कठिन मेहनत और लगन से कार्य किया जाए तो सब मुमकिन है। देश का वर्तमान और भविष्य भारतीय युवाओं के हाथ में है। वे चाहें तो भारत को बुलंदी पर ले जा सकते हैं। भारत भी चीन की तरह ओलंपिक में नंबर वन का दर्जा हासिल कर सकता है। सुशील कुमार और उनकी तरह ही अन्य खिलाड़ियों ने ओलंपिक में भारत को नए मुकाम पर ले जाने की कोशिश की है। आनेवाली पीढ़ी उन्हें हमेशा याद रखेगी।

सुशील कुमार हर दिन सात घंटे अभ्यास करते हैं—सुबह 4 बजे से 9 बजे तक, फिर शाम 5 बजे से 7 बजे तक। सुशील के अनुसार, कड़ी मेहनत का कोई अन्य विकल्प नहीं है और शीर्ष पर पहुँचने के लिए किलर इनसटिंक्ट की जरूरत है। अभ्यास के बाद सुशील अंतरराष्ट्रीय खिलाड़ियों का प्रदर्शन देखते हैं। उन्हें कुश्ती के अलावा बास्केटबॉल और वॉलीबॉल खेलने का शौक है। उन्होंने सिनेमा हॉल

बीजिंग आलंपिक में कांस्य पदक जीतने पर राष्ट्रपति भवन में सुशील कुमार को बधाई देती राष्ट्रपति प्रतिभा पाटिल।

जाकर कभी सिनेमा नहीं देखा है। वह मोबाइल फोन भी नहीं रखते। उन्हें सचिन तेंदुलकर बहुत अच्छे लगते हैं। उनकी कोई गर्लफ्रेंड नहीं है।

खाने में वह बादाम, मक्खन, घी, फल और दूध (3 से 4 लीटर प्रतिदिन) को विशेष मात्रा में लेते हैं।

2008 ओलंपिक गेम्स में पदक जीतने के कारण सुशील कुमार को कई अन्य पुरस्कारों से सम्मानित किया गया। वे इस प्रकार हैं—

- उन्हें भारतीय रेलवे की तरफ से 55 लाख रुपए इनाम में दिए गए। (सुशील कुमार भारतीय रेलवे में चीफ टीकेटिंग ऑफिसर के पद पर नियुक्त हैं।)
- दिल्ली सरकार ने उन्हें 50 लाख रुपए इनाम में दिए हैं।
- हरियाणा सरकार ने उन्हें 25 लाख रुपए नकद इनाम में दिए हैं।
- भारतीय इस्पात मंत्रालय ने उन्हें 25 लाख रुपए इनाम में दिए हैं।
- आर.के.ग्लोबल सिक्युरिटीज ने उन्हें 5 लाख रुपए इनाम में दिए हैं।
- महाराष्ट्र सरकार ने उन्हें 5 लाख रुपए इनाम में दिए हैं।
- जेट एयरवेज ने अपने हवाई जहाज में उन्हें आजीवन मुफ्त चलने की अनुमति दे दी है।

अन्य पुरस्कार

- सन् 2006 में उन्हें अच्छे खेल के लिए भारत सरकार द्वारा 'अर्जुन पुरस्कार' से सम्मानित किया गया था।

□

विजेंद्र सिंह

विजेंद्र सिंह का जन्म 29 अक्तूबर, 1985 को भिवानी, हरियाणा के ग्राम कलुवास में हुआ था। उनके पिता महिपाल सिंह हरियाणा राज्य परिवहन में ड्राइवर हैं। विजेंद्र एक बिश्नोई (जाट) परिवार से हैं।

बेहद साधारण परिवार से होने के बावजूद उन्होंने एक बेहतर जिंदगी जीने का सपना देख रखा था। उनके भाई मनोज सिंह के भी विचार विजेंद्र से मिलते थे। अत: दोनों ने मुक्केबाजी में अपनी किस्मत आजमाने की सोची। मनोज सिंह की मेहनत रंग लाई और वह मुक्केबाजी की बदौलत भारतीय सेना में नौकरी पा गए। अपनी इस कामयाबी के बाद उन्होंने अपने भाई को प्रोत्साहित करने की सोची। सन् 1996 में विजेंद्र ने स्पोर्ट्स अथोरिटी ऑफ इंडिया के एक सेंटर में दाखिला ले लिया। उस समय वह पाँचवीं कक्षा में पढ़ते थे। विजेंद्र ने जाने-माने मुक्केबाज जगदीश सिंह के सान्निध्य में ट्रेनिंग ली।

शुरू में, जब विजेंद्र के भाई मनोज सेना में भरती नहीं हुए थे, तब दोनों भाइयों को काफी मुश्किलों का सामना करना पड़ता था। दोनों भाइयों को एक ही गलब्स से काम चलाना पड़ता था। दोनों एक ही साइकिल पर ट्रेनिंग करने जाते थे।

विजेंद्र को पता था कि वह एक दिन अवश्य सफल होंगे। वह कठिन मेहनत करते गए। उनकी मेहनत का ही नतीजा था कि सन् 1997 में उन्होंने सब-जूनियर कैटेगरी में जीत हासिल की। सन् 2000 में उन्होंने राष्ट्रीय खेलों में स्वर्ण पदक जीते। उनके कॅरियर में महत्त्वपूर्ण बदलाव तब आया जब वह सन् 2003 में अफ्रो-एशियन गेम्स के लिए चुने गए और उन्होंने उसमें रजत पदक जीते। हरियाणा सरकार ने

गौरवशाली क्षण : बीजिंग ओलंपिक में मिडिलवेट कैटेगरी में विजेता घोषित होते विजेंद्र सिंह।

उनकी उपलब्धि को सराहा और उन्हें 7 लाख रुपए इनाम में दिए। यह राशि विजेंद्र के लिए रामबाण की तरह थी। इसके बाद विजेंद्र ने एशियन गेम्स और कॉमनवेल्थ गेम्स में पदक जीते। सन् 2008 बीजिंग ओलंपिक गेम्स में तो उन्होंने इतिहास ही रच दिया। मुक्केबाजी में पदक लानेवाले वह पहले भारतीय बन गए। उन्होंने मिडिलवेट कैटेगरी में कांस्य पदक जीते।

विजेंद्र का सपना अगले ओलंपिक में स्वर्ण पदक जीतने का है। उनके पिता तो इसी ओलंपिक में विजेंद्र के द्वारा स्वर्ण पदक जीते जाने का सपना देख रहे थे; पर सेमीफाइनल में केन्या के इमीलो कौरिया से हार जाने के कारण विजेंद्र ऐसा नहीं कर पाए; पर महिपाल सिंह का हौसला अभी भी बुलंद है।

एक ओलंपिक में पदक जीतनेवाले खिलाड़ी के पिता होने के बावजूद महिपाल

विजेंद्र सिंह
जन्म : भिवानी, हरियाणा
29 अक्तूबर, 1985
ओलंपिक्स : बीजिंग (2008)

सिंह अभी भी एक साधारण जिंदगी जीते हैं। उनका कहना है कि वह हमेशा हरियाणा सरकार की ड्राइवर की नौकरी करते रहेंगे और विजेंद्र के लिए उनकी सलाह है कि वह अगले ओलंपिक की तैयारी शुरू कर दे।

विजेंद्र के ओलंपिक में पदक जीतने से भारत का सिर तो गर्व से ऊँचा उठा ही है, साथ-ही-साथ यहाँ के युवाओं को एक नई प्रेरणा भी मिली है। अब स्पोर्ट्स भी एक कॅरियर विकल्प है। और अगर इसमें खूब मेहनत की जाए तो अपने कॅरियर विकास के साथ देश का नाम भी दुनिया में रोशन होगा।

हरियाणा राज्य के लिए भी विजेंद्र की उपलब्धि एक गर्व की बात है, खास कर भिवानी जिले के लिए, जहाँ से विजेंद्र ने ट्रेनिंग हासिल की है। आज भिवानी बॉक्सिंग क्लब के अध्यक्ष जगदीश सिंह विजेंद्र की जीत से बहुत खुश हैं। यह उनकी कड़ी मेहनत और लगन को एक सम्मान है।

भिवानी बॉक्सिंग क्लब में आज 120 छात्र हैं, जिसमें 15 लड़कियाँ हैं। जगदीश सिंह, जो भारतीय स्पोर्ट्स अॅथोरिटी ऑफ इंडिया के कोच भी हैं, अपने सान्निध्य में कई विश्व स्तर के जाने-माने, पदक जीतनेवाले खिलाड़ियों को ट्रेनिंग दे चुके हैं। विजेंद्र के ओलंपिक में पदक जीतने ने उनके क्लब को मशहूर कर दिया है। अब वह चाहते हैं कि यह क्लब, जो मामूली सुविधाओं से चल रहा था, अब अंतरराष्ट्रीय स्तर का हो जाए। उनके अथक प्रयास और मेहनत ने भारत सरकार का

भी ध्यान अपनी ओर खींचा है और इस वर्ष के 'द्रोणाचार्य पुरस्कार' के लिए उन्हें चुन लिया गया है। जगदीश सिंह को आशा है कि यह क्लब आनेवाले समय में कई ओलंपिक पदक लाएगा।

एक आदमी की जीत से कितना बदलाव आ सकता है, यह विजेंद्र सिंह की जीत से पता चलता है।

□□□

2021-22